첫 바켜냐 화해냐

김덕원 제3시집

문학공원 시선 268

헛바퀴냐 화해냐

김덕원 제3시집

문학공원

⟨시인의 말⟩

세 번째 시집을 내며

생명이 다하는 날까지 삶이 엮어내는 시간의 과정을 문학이 다 들여다볼 수 없으니 변두리를 서성이는 몸짓에 불과하다.

건축물의 부산물인 창과 문은 인식과 습관의 통로로 안과 밖을 연결한다.
그러나 문학은 고정된 연결의 통로를 거부한다.
일반적 혹은 추상적 추론적인 사고와 비유, 상징들을 나름의 서툰 감성으로 시라는 포장지로 포장하지만 사물을 바라보는 시선은 다분히 주관적으로 기울기 마련이다.
그러므로 의미 또한 달라질 수밖에 없다.

그럼에도 불구하고 누군가에게 어느 한 소절에서나마 어떤 흔들림으로부터 붙잡아 세울 수 있는 공감으로 읽혀진다면 나는 기꺼이 희로애락의 정서를 엮을 적절한 시구를 찾아 끊임없는 채광을 이어갈 것이다.

2025년 여름

김 덕 원

차례

세 번째 시집을 내며   4

1부
세월아! 이제 좀 천천히 가자

세월아! 이제 좀 천천히 가자	12
오늘도 흔들리며 흘러갑니다	14
봄비의 리허설	15
내 영혼의 담적증(痰積症)	16
빗소리를 화분 가득 심었었지	18
가야 할 길	20
잊혀진 계절	21
심리적 허들	22
行間의 인연	24
그리스도인은 예수님의 편지다	25
시간여행	26
쳇바퀴나 화해나	28
불에게 듣는 구연동화	30
말년 수학여행	32
마음밭 산책길	33
꽥꽥이의 변신	34
처음처럼	36
경건의 계단	38
보혈의 가죽옷	39
사돈(査頓)의 봄날	40

2부
무대 인생

무대 인생	44
길어진 여정(餘程)	45
내 맘 말해볼까	46
격포항 일몰	47
내 영혼의 성장을 막고	48
당신의 소유권을 송두리째	49
달필이고 능필이다	50
민망한 소풍	51
도킹(docking)	52
물 같은 삶	54
얼룩무늬 밑줄들	56
영혼이 마른 자들	58
탈출을 꿈꾸는 내면	59
배설의 기쁨	60
반추	62
초록 연가	64
바람은 현상이다	65
나쁜 교육	66
청란(青蘭)	68
내 마음의 풍경	70

차례

3부
별을 품은 남자

별을 품은 남자	74
골삼 이삼	75
가치관의 극과 극	76
허니문	78
판을 바꾼 지렁이	80
9월	82
꽈리사냥	83
고작 겨자씨 한 알로	84
문화권 유명세는 BTS급	86
무서리가 내린 날	88
찬비에 쫓겨 가는 여름이	90
망념(妄念)	92
투구꽃 가을 동화	93
후진 기어가 없는 자동차	94
번호 인간	95
수채화물감 같은 인연	96
꼭 단풍이 아니어도 좋다	97
파란 마음	98
울 엄마 꽃	99
핑계	100

4부
사람도 흐른다

사람도 흐른다	102
주름은 말합니다	104
죽전 휴게소에 가면	106
늘어난 인생 페이지	108
이심전심(以心傳心)	110
회계보고	111
자기愛	112
붕괴	114
세월은	116
12월	117
소유물인 양 착각하지 마라	118
의에 주리고 목마른 자 되어라	120
소양강 겨울 동화	122
아름다운 雪	124
종교의 짐	126
여로(旅路)	127
사라질 것들에 대하여	128
삶과 주검의 재회	130
겨울에 핀 꽃	132
더디 오는 봄	134

차례

작품해설 138
김순진(문학평론가 · 은평예총 회장)
- 기독교 사상을 반석으로 한 다양한 시적 구조물

1부
세월아! 이제 좀 천천히 가자

세월아! 이제 좀 천천히 가자

변함도 없고 회전하는 그림자도 없는 세월아!
나 어릴 적 넌 고여 있는 잔잔한 호수였다
내가 그리움을 만났을 무렵 넌 물이 되어
때론 호수처럼 때론 태풍처럼 흘러가더라

노면이 울퉁불퉁하여 덜컹거리는 길도 데려가고
어둠으로 앞이 캄캄한 공포 속에서도 내공은커녕
나는 결론도 없는 끝 모를 때를 기다리나
내 인생의 서사는 흰 그늘만 두터워지고

땅에 붙들려 살면서 높은 곳만 바라보는
본질과 변질 사이 내면의 나와 바깥의 나는
내면의 내가 만든 운명을
바깥의 내가 걸어갈 때도
떠밀지도 막아서지도 않고
공허와 혼돈과 흑암 중에 있을 때도
오로지 넌 빨간 침묵의 아까징끼였다

내 맘속 해는 아직 중천인데
여정 속 나는 일모도원(日暮途遠)이구나

닫히지 않는 하늘을 가졌고
마르지 않는 땅을 두었으니
너를 멈출 자 누구며
너를 닫을 자 누구냐
추억을 먹고 과거로 가는 세월아!
이제 조금만 천천히 가자
뒷걸음질 칠 수도 없고
어둠을 물리칠 힘은 더더욱 없는데
내 부끄러운 길들은 지우고 가자
어디쯤 그냥 서 있을 그리움도 데리고 가자

아직도 설렘으로 오는 세월아!
내 나이를 도둑맞은 내가 널 따라가는 거니
내 나이를 훔쳐 가는 네가 날 따라오는 거니

오늘도 흔들리며 흘러갑니다

　나의 세계관으로 다른 세계를 품는다는 것은 강렬한 호기심인 동시에 어려운 과제다 여러 가치관이 병존하는 시대를 살아내자니 자신의 가치관을 살리기 위해서는 어떤 곳도 파고들 수 있는 공기처럼 살아야 한다지만 삶의 깊이를 들여다보기보다는 욕심의 높낮이에 매달려 한 치 앞도 못 보는 그 사소함에 눈멀어 산다

　오늘도 시간은 나를 어디론가 끌고 간다
　보이지 않는 세월이 나를 노려보는 것만 같아
　세월 앞에 장사 없다고 꼼짝없이 끌려간다

　생각이 허기질 때 사소함에 마음을 다쳐 우주로 소리 없이 날아가고 싶을 때 현실은 발바닥 밑이라도 이상을 향해 날개를 달고 삭풍과 열풍이 교차하는 생을 아우르며 내 앞의 유한의 시간은 흔들리며 흘러간다 직선과 커브를 돌아 원반처럼 돌아온 나를 향해 팔을 벌린 십자가처럼 세상이 모두 가파른 것만은 아니라는 위안을 받으면서

봄비의 리허설

겨우내 벌거벗고 벌 선
나목(裸木)의 가지마다 소리 없이 스며
잠자는 씨앗들 눈을 씻기고
쟁여놓은 푸른 이야기들
마디마디 교정하고 탈고한다

쉼을 거두고 들숨을 깊이
들이마셔 씨눈을 열어
최후의 날숨을 쉴 때까지
온누리 초록으로 수를 놓아라

화신(花神)께서 오시는 길목에
연초롱 불 밝혀라
원시적 순환의 촉수 뻗어
펄떡이는 생명의 노래로 채색하라

황폐함 머물러 있는 산야에
겨우내 답답한 분노 부서지도록
잿빛 고독이 푸른 누룩 될 때까지
초록아! 초록아! 산천초목 호명하라
생명의 초록누리 들불처럼 번지도록

내 영혼의 담적증(痰積症)

 보이지 않는 바람까지도 그려 넣고 싶은 욕망의 공간 때문에 누구나 자신을 향한 창조의 비밀이 무엇일까 궁금해질 때가 있다 그럴 때마다 창조주의 큰 그림 속에 숨겨진 비전을 찾으려 노력하지만 피조물은 창조주와 관계에서 매일매일 고백하지 않으면 노폐물이 쌓이고 쌓인 황폐한 영혼은 담적(痰積)으로 차디찬 얼음이 되어 소망이 끊어진다

 담적증을 유발하는 내면의 탐욕들은 매일 먹는 음식물 같아서 돛대 꼭대기에 누운 것처럼 허기를 채우지 못해 뭔가의 노예로 살고 있다 한 번 형성된 생각의 원형은 쉽게 버리지 못하며 지식이나 경험으로도 바꿀 수 없고 무의식 깊은 곳은 심해 칠흑처럼 깜깜해서 밝은 대낮에도 하늘에 떠있는 별은 어둠이 있어야 볼 수 있듯 고통과 시련이라는 어둠을 통해서만 내 삶의 별도 관조(觀照)할 수 있거늘

 인간의 감각기관이 물질만능 문화와 만나면 고통을 피하려고 녹아내리는 아이스크림 같은 쾌락을 추구하다 보면 쾌락이 인생의 목적이고

최고의 가치로 자리 잡아 경건은 가출하고 생겨나는 인식 작용은 시간이 흐를수록 부패하는 음식과 발효하는 음식처럼 부패하는 노인과 발효하는 어른으로 차별화된다

빗소리를 화분 가득 심었었지

나 어릴 적 울 아부지 품속에 크고 둥근 달
그 둥근달 너무 좋아 독차지하렸는데
언니가 파먹고 동생들이 파먹고 기울어진
편견으로 소외된 눈썹달만 끌어안고 칭얼대며
허기짐으로 신열을 앓았던 내 유년기

더 크고 밝은 달을 따준다는 달콤한 유혹에
육체와 정신이 함께 동행이라는 완주를 향해
치열하고도 아름답기까지 한 형태를 갖추고
삶의 궤적이 간단치 않은 기나긴 여정을 줄곧 떠밀어
향기와 빛으로 자신을 기꺼이 내주면서
생은 널려있는 보물창고라기에 내가 걸어갈 꽃길에
꽃씨를 싹틔울 빗소리를 화분 가득 심었지

삶은 늘 지뢰밭 같은 우연에 노출되어 있는데도
시간과 공간 안에 채득하며 엮어낸 과정들이
무수한 역경 이겨낸 나무처럼 깊은 무게를 담고
눈보라 칼바람 맞서 푸르름 지켜내다
맨발로 언 땅 뚫고 나와 꽃수를 놓았구나

왜곡된 공간을 지나 세상 가시들
고스란히 받아들인 보이지 않는 모성의 흉터 위로
별들이 그물에 걸려 출렁출렁 반짝이는데
기억 저편 사라진 것들을 더듬어 투영된
돌아오지 않을 생의 줄거리들 오래된 잠을 건너
어디쯤에서 유숙하고 있는 걸까

흘러가는 늙은 구름 따라 오로지 부리로
속도를 가르며 넘어온 칠십 고개
알곡 빠져나간 광목자루처럼 헐렁해졌다만
아린 기억도 옹이도 허공 속 통증일 뿐이고
강같이 떠내려갈 선물 같은 여행이더라

가야 할 길

호기심의 길에는 희망이 깔려 있어
내가 가야 할 여러 갈래 길들이 눈이 부셔도
설렘의 길에는 아린 그리움이 머물러
어떤 그리움은 설움이 되어 몸살을 앓았지
염소의 길에서 양떼의 길을 찾아
탄탄대로를 만나기까지 오르막과 내리막
꼬불꼬불한 길도 어둡고 습한 길도 걸었다만
달도 차면 기울 듯[月滿則虧]
앞길이 뒷길보다 짧다는 걸 알기에
처음 가는 낯선 길에서 만난 불안과 두려움은
천천히 더디고 느리게 쉬엄쉬엄 가자지만
쉼 없는 인생 시계는 아랑곳없네
땅의 복을 누리다가 낡고 고단한
육신은 북망산천의 흙이로되
나의 혼아! 나의 영아!
북쪽 하늘 북극성 옆 허공에 감추인
죽음을 이긴 천년 왕국 그리워하자
영원한 하늘 맨션에 깃들어 살자
쉼 없는 인생 시계 멈추는 그날에

잊혀진 계절

겨우내 혹한에 시달리더니
앞산과 뒷산 먼 산들이 깨어난
4월에 푸릇푸릇 멍들이 돋아나고
멍들 사이사이 향 짙은 도장부스럼이
문양들로 흐드러지게 피었다

풀뿌리 씹어 넘던 보릿고개
얼굴엔 버짐 몸엔 부스럼
결핍의 화인(火印) 맞은 까까머리 도장밥
그 시절 온몸에 피던 가난의 표상들
잊혀진 계절이 겹쳐 어른거린다

심리적 허들

화초처럼 다뤄야 할 몸을 자동차 부리듯 해도
몸은 정직하여 노력한 만큼 보상하지만
까도까도 모르겠는 마음이 몸을 지배하므로
앉아서 장천리 서서 구만리를 내다보다
자기 불신의 환경을 딛고 일어나는 감정 편식은
넘기 힘든 심리적 허들만 높아진다

쌈박한 일상의 찰나도 어둠 속 허깨비 같고
행복을 쥐락펴락하는 손아귀 속 일렁이는 삶도
외부의 평가에 맞춰 살다 고갈되는 감정들
화는 눌러 외로움을 삭이며 칠흑 같은
두려움은 새벽을 기다리나 넘기 힘든
평균치 미달이 나를 위축시킨다

삶의 진실은 토끼와 거북이의 경주 같건만
왜곡된 평균에 끌리는 압력으로 심리적 허들은
절망 앞에 돌 같은 두려움도 되고
희망 앞에 살 같은 자신감도 된다

미래를 염려하다 현재도 누리지 못하면서
지푸라기라도 잡아야 할 조급증이 내 감정의
기준대로 끌고 가다 심리적 허들에 막혔다

行間의 인연

일생을 살면서 많은 것들을 만나고 헤어지며
수많은 관계를 통해서 삶의 질을 높이기도 하고
보이지 않는 에너지를 주고받기도 합니다
행간 사이를 지나다 눈에 들어온 만남
오랜 친구마냥
아침에 눈을 뜨면
오늘은 어떤 격문(激文)일까요
설렘으로 창을 열고
님의 응원으로 시작합니다
싱싱하던 세포들이 하나둘 시들어
내가 나 같지 않은 풍경으로 약해질 때마다
하나님의 큰 그림 속 데스티니(Destiny)를 찾으려는
노력이 오늘을 주신 분께 감사하며
오래인 듯한 행간의 인연과 주고받는
아침 인사 속에 보이지 않는 바람까지도
그려 넣을 수 있는 여유의 공간을 만듭니다

그리스도인은 예수님의 편지다

편지는 상대를 대하듯 받아보는
안부요 당부요 고지이며 국경을 초월하는
기쁨이요 혹은 슬픔이다

당신이 만약 그리스도인이라면
그분의 은혜를 입증할 편지가 되어야 한다
나는 상대에게 어떤 편지인가
그분의 향기로 살고 있는가
그분의 편지로 살고 있는가
그분의 화해의 대사로 살고 있는가

그분께서는 자신을 단 한 번의 헌물로 드려
죄와 불법들을 기억하지 않으리라는
복음의 편지를 쓰셨다

잉크로 쓴 것이 아니라 영으로
돌 판에 쓴 것이 아니라 육체로
행위나 문서가 아니라
믿음으로 말미암아 영생을 주신다는
봉인된 은혜의 편지를 쓰셨다

시간여행

오늘도 나를 흘려보내는 세월은 흘러가야 인생이라
하고 나는 오늘도 시간이라는 롤러코스터에 몸을
맡긴 채 세월의 포로가 되어 곡예 하듯 선과 악이
얽혀있는 세상 속으로 흘러간다
세상은 참 요지경 속이다
수많은 눈동자가 나를 훑고 지나갈지라도
거듭되는 소멸과 생성은 나를 숙성시켰고
환상과 현실은 자주 겹쳤지만 삶은 예외도 없고
바깥도 없었으니 어찌 고통과 시련만 있었다 하랴
이만큼 누렸으면 살만한 세상 아니었더냐
시간은 어느덧 우주정복에 달나라 여행을 꿈꾸고
우주에 둥지를 틀겠다고 화성 금성을 탐색 중인데
여의도 한량들은 멱살 잡고 도토리 키 재기나 하고
사팔뜨기와 외눈박이가 바둑알을 놓고 삿대질이다
티켓팅도 그림자도 없는 세월은 쓰는 사람에 따라
다르다지만 사람의 천적이라는 결론에 이른다
매일 같은 속도와 무게감으로 반복되는 흐름 속에
감당해야 할 무게는 가벼워졌다만 마음은 바람 든
무 속 마냥 채워지지 않는 시간여행이 나의 의로는
선하게도 착하게도 할 수 없더니 나의 의는 누더기

같아서 나를 핑계와 시기 독선과 자만의 불법들로
바람같이 몰아가더라 피해서 숨어서 될 일도 아니고
세월의 이끼 걷어내고 의의 겉옷 갈아입고
자유와 기쁨 누릴 미래의 호흡 준비하리라

쳇바퀴냐 화해냐

배부른 삐에로가 생각하는 장난스런 추상적인
이야기처럼 들릴 수 있다
진리가 현실 앞에 무기력하고 비웃음 당하는 건
먹고 살아야 하는 빵이 우선이기 때문이기도 하다
배부른 놈들이 진리를 비웃으며 성취를 향해
눈앞의 승부에 운명을 거는 현실이 진풍경이다
물론 먹고 살기 위해 고군분투해야 하는 현실은
부정할 수 없는 진리보다 더 절실한 진리라 할 수 있으니까

사람들은 꿈을 향해 죄 아래 엎드린 채 발에 날개를 달고
한 가지 수만 붙잡고 치열하게 달려가지만
가시만 가득한 다람쥐 쳇바퀴돌기다
사회적 악습을 무릅쓰고 아무리 대단한 성취를 했다 해도
진리의 지평에서 새롭게 이해된 자신의 본질을
현실에 능동적으로 적응하지 못한다면
세상이 신과 인간에 대한 이해의 지평이 확장되지 않고
화해가 없다면 그냥 쳇바퀴만 죽어라 돈 것이고

육과 혼은 멍으로만 치장한 꼴이다

세상은 아는 만큼 보인다
한 권의 책도 아는 만큼 읽히고
한 곡의 음악도 아는 만큼 들리며
인생도 역시 아는 만큼 사는 것이다

육신의 장막을 벗는 날을 위하여
나는 진리 안에 자유를 선포한다
쳇바퀴를 내려오라고
가시 채를 뒷발질하지 말라고
신 앞에 화해가 먼저라고
인생의 정오도 성취의 길도 빵도 황금도 아닌
그 화해!
화해가 우선이라고

불에게 듣는 구연동화

황철광이 부싯돌을 만나 비비다가 태어났단다
인간의 문화를 만나 화려한 불로 재탄생된
자연이 준 커다란 선물이라고 하더라만

땅속 암석을 녹여 토해내게도 하고
구름 사이 정전기로 불꽃놀이도 하지
악마의 권력을 만나 참혹한 살상 도구로
변신하는 건 끔찍한 일이야

나는 버럭 질러대는 성질머리지만
좋은 관계라면 진돗개처럼 순종하지
그러니 나를 길들이고 다스리는 건
인간의 책임이고 기술이란다

미덕과 악덕을 사르는 또 다른 시작이고
활활 타오르는 파동은 새로운 변화로
치닫다가도 물을 만나면 재가 되고 말지만

난 항상 모순된 시발점에 서 있단다
사랑의 불씨

증오의 불씨
희망의 불씨로

그래도 사람들은
나를 덮고 누워 내일을 잉태하고
나를 입고 서서 오늘을 살아간단다

말년 수학여행

질질 끌고 칭칭 감고
늦가을 찬비를 맞으며
외도에서 한 페이지는 넘어가고
여정의 길목엔 석양이 앞장섰는데
스산한 향기인 양 설렘도 겹친다
또릿또릿 꽃망울 벙글던 날들
세월의 습격에 무릎 꿇은 깨복쟁이들
파도에 출렁거리는 검은 바다와 마주 앉아
얽매인 삶의 내력들 풀어놓고
깊게 패인 주름 고랑엔 가슴 싸한 연민이 묻어나고
평면이 없었던 지나온 날들은
손에 가득 머물고 있는 지금의 냄새로
잊힌 세월을 포란(抱卵)한다
축축한 생각들 꼬들꼬들 말리다 보니
거제의 일월봉 월출에 거나한 해금강
늦가을 한 사발 시원하게 마셨다

마음밭 산책길

무료한 하루 욕망이 얼굴을 들이밉니다
그리도 좋은 젊은 날
자유분방한 여행 한번 못한 한이
마음 밭에 산책길 하나 나 있다

뒹구는 낙엽에도 눈물 떨구고
장대 같은 소나기를 맞으며 껄껄껄 웃고
때론 나비처럼 꽃밭을 훨훨 날아다니고
때론 바람처럼 언덕을 구르고 싶지 않았겠냐만

시간의 궤적 따라 햇살의 농도 따라
휘고 휘어지는 경로를 바꿔가며
비포장도로에 포장을 깔아야 했던
내 젊음의 비망록

열정으로 응축된 땀도
회한에 젖은 눈물도 삭히고 걷다 보면
출렁이는 알 수 없는 기억을 지나
새콤달콤한 시간들 아스라이 살아나고
말갛게 헹궈지는 영혼에 쉼을 얻으려나

꽥꽥이의 변신

 자의든 타의든 급하게 덮어버린 꽥꽥이의 한 생애
 어떤 꽥꽥이는 빙글빙글 돌아가는 꼬챙이에 꿰여 불샤워를 하고
 어떤 꽥꽥이는 호박 속에 들어앉아 진흙 가마에서 찜질을 한다
 어떤 꽥꽥이는 고추장을 뒤집어쓰고 주물럭이 되는가 하면
 꽥꽥이의 변신도 천차만별이다

 지체 높은 커다란 라탄 전등갓을 쓴 조명아래 온몸에 황금빛
 분칠을 하고 앙증맞은 자태로 교향곡을 부를 것 같은 꽥꽥이는
 北京이란 이름부터 콧대 높은 국제파다

 바삭한 껍질과 촉촉한 살코기를 채친 오이 파를 얹어
 밀전병으로 멍석말이 하는 의식은 질감의 교향곡을 만들어내기
 위함이고 기름진 동네에서 몸값을 부풀릴 변신의 까닭이다

그도 그럴 것이 중국 황실과 엘리트 귀족들로부터 존경받는

귀하신 몸이 꿀과 간장을 섞어 만든 유약으로 마사지를 받고

특수 오븐에 수직으로 매달려 로스팅된다니 지체가 높을밖에

처음처럼

무엇이 그 눈에 콩깍지를 씌웠을까
언약도 없이 연습도 없이 온도도 모르면서 불 속을
날아든 불나방처럼 온몸을 던져 불태운 사랑
처음 만난 소녀의 생머리가 반백 년 세월에
파뿌리 되었으나 아직도 처음처럼 원형은 바뀌지 않았다

기댈 곳 없는 냉혹한 시간 앞에
그 누군들 자신을 애틋하게 여기지 않으랴만
삶의 둥지를 확장하려는 몸짓과 의욕은
그 무엇도 막을 수 없었다

아무리 좋은 풍경도 며칠 지나면 눈에서 사라지거든
먹어도 먹어도 허기진 그의 사랑은 한풀이라도 하듯
고무신 거꾸로 신고도 남았을 순간들을 수습하며
삶의 깊이만 꿰뚫어 보기보다는 자아의 존재 의미를
확인하려는 무데뽀 정신은 쉼표가 없었다

자질구레한 일상을 쪼아 먹은 입으로 배설이라도
할라치면 목구멍을 뜨겁게 달구고 넘긴 고래가

소나타를 연주하고 독사 헛바닥의 희롱이 얼마나 큰
공포였을까 만은 어진 순전함으로 구도자의 길을
걷듯 받아내고 견뎌낸 넓디넓은 품을 가진 당신은
아직도 처음처럼 포근한 이불입니다

경건의 계단

여러 가치관이 병존하는 시대에 어떤 곳도
파고들 수 있는 공기처럼 살아야 했고
목표를 위한 삶의 깊이를 들여다보기
보다는 욕심의 높낮이에 눈멀어 살아야 했다

알면서도 가끔은 미련을 떨치지 못하고
어두운 마음 안에 부질없는 욕망이 솟구칠 때
내 멋대로 물길을 내고 도랑을 만들었더니
종내는 형체도 없는 마른 내가 되어버리고

경건 뒤에 숨어서 마음 발갛게 발기시키는
욕망과 잉여를 둘러싼 각축이 때론
욕구를 채우기 위한 무모한 의지력도
벽에 부딪혀 암흑의 나락으로 곤두박질이다

필멸의 한계를 가진 인간이 육신적 생각으로
내면의 탐욕을 감추고 경건의 계단을 오르려
헛되이 우쭐대나 세상의 원리요 사람의 전통이니
경건의 계단은 욕망 속 가파른 허상이로다

보혈의 가죽옷

죄가 우리 몸에 들어오기 전에는
벗었으나 서로 부끄럼을 몰랐네

죄로 인한 부끄럼은 꼭꼭 숨어 봐도
나뭇잎으로 가려봐도 가릴 수 없었네

피 흘림이 없이는 감출 수 없는 죄
나뭇잎을 벗고 가죽옷을 입어야 하네

가죽옷을 만들기 위해 흘린 짐승의
피는 잃어버린 것을 찾는 보혈이었네

죄 없이 사람의 아들로 보혈을 흘려 죄를
덮고 관계가 회복되는 칭의(稱義)를 내렸네

사돈(査頓)의 봄날

꿈을 생포하러 달린 86년 수고론 짐 내려놓던 날
거센 천둥 비바람도 화사한 봄볕에 자리를 내주고
때늦은 벚꽃도 꽃잎 떨궈 가시는 길 꽃수를 놓더이다

볕에 말리고 싶은 추위와 혹서를 피할 그늘을 찾지만
어찌해도 자신의 능력 밖이라면 누군들 그 그늘 거둬
달빛 신화로 만들려 애쓰고 발버둥치지 않았겠습니까

화사하게 자신을 피워냈다고 의기양양한 자나
이제야 겨우 봉오리를 맺었다고 안도하는 자나
아직도 발아의 움을 틔울 시절에 닿지 못했다는 자도

아니라고 부정하고 싶지만 모른 채 지나쳤을 뿐이고
땀과 기국(器局)으로 엮어낸 사돈의 달빛 신화도
조촐하든 화려하든 한번은 자신을 피웠을 겁니다

여정을 관조하듯 표표(漂漂)히 죽음과 마주한 아버지와
돈이 없어 폐목으로 깎아 주신 기관총 두 개로
동생과 신나게 총싸움했다며 꺽꺽 울어대는 아들

분초도 용납 않던 통증을 고스란히 받아내던 육신
각질화된 일상을 벗고 새로운 존재로 호명받아
고단한 바람 그쳐 까만 그래프가 종착을 고하네요

선을 베풀다 짊어진 멍에 출구도 없는 영일 없던 날
들이
낟알을 다 내준 지푸라기가 상처도 아물기 전
새들의 둥지로 거듭나듯
'주님! 내 인생의 봄날입니다'라구요

2부
무대 인생

무대 인생

수많은 각본이 일렁이는 무대 위에서
우리는 잠시 머물다 갈 연기자로 살아간다
때론 배역 없이 무대 뒤편에 서 있다가
더러는 어둠 속 허깨비처럼 사라질지라도
한사코 무대에 오르는 미래의 유령들
어둠 속에서 사라진 것들을 더듬으며
아직은 살아 있다고
돌아오지 않을 순간들을 기억하며
그래 약해지면 안 된다고
현실 부정을 위한 몸부림은
결국 헛것을 위해 세워진 육중하고
거대한 무대에서 펼쳐질 콘서트
비록 단역일지라도 목메어 부르는
절박하고 서늘한 생명의 노래가
끊임없이 웅웅대는 조명과 장치들 사이를
분주히 오가며 주고받는 눈웃음 사이로
어쩌면 존재를 부각시킬 기회다 싶으면
숨을 가다듬고 빛 속으로 달려가 보지만
날은 또 얼마나 빨리 밝던지

길어진 여정(餘程)

 네온이 춤추는 화려한 도시에서 서러운 하구를 철석이며
 욕망이란 사다리에 올라 규제를 넘다 유혹에 넘어지고
 수많은 군상들을 만났다
 어둔 고샅길에서 세상을 향해 적개심 드러낸
 모난 돌들과 맞서 의지로 버티다 포식자의 먹잇감이 되느니
 그만두기가 때론 생존의 비결임을 깨우침도
 어쩌면 살아갈 이유이고 차선이었을 터이다
 여명을 밟고 나가 노을을 지고 들어오던 등은
 가장이란 무게에 짓눌려 구부정한 멍에만 걸렸다
 잘살았든 못살았든 감정적 편식을 다스리며
 계절을 열고 닫았거늘 먼 기억과 가까운 기억으로 머물던
 많은 인연들 빠져나가 관계도 성글어졌다
 첨단 의료 덕에 길어진 여정이 명과 암이 뚜렷하게
 서쪽 끝자락 산과 바다가 어우러진 노을이 아름다운
 거기 어디쯤 쓸쓸한 뒤태를 담고 노정이 엮어낸
 희로애락의 정서 길게 베고 누워 살을 발라버린
 생선 가시처럼 늘어난 시간이나 콕콕 찌르고 있다

내 맘 말해볼까

유유히 떠 있는 저 호수는
얼마나 넓고 깊으면
산을 품고 하늘까지 빠져 있네
얼마나 많은 이야기들 품고 있을까
내 맘 말해 볼까
들어나 주려나

어제가 오늘이고 오늘이 내일인
내가 살아가는 이유를

내 기다림의 지뢰
내 그리움의 뇌관
내 침묵의 심해는
깊이도 높이도 헤아릴 길 없건만

더 이상 흘러가지 않을 것처럼
정체된 혼돈 주르르 풀려
촘촘한 그물 사이로 헤엄쳐 나간다

격포항 일몰

철썩철썩 우글거리는 파도가 방파제를 두드리는
서쪽 끝자락 산과 바다가 어우러진 격포항
거기 칠산 앞바다 막막한 천애(天涯) 저편에
진종일 향유를 퍼붓던 해가 대륙의 냄새를 씻는
파도 품에 풍덩 빠지면 오늘도 회춘하는
두둥실 뜬구름은 불콰한 얼굴로 형태를 바꿔가며
붉은 곰팡이 포자 퍼지듯 서녘 하늘을 투영한다
바다가 쓴 생의 주름진 문장들 불태우고
왕등도 넘어가던 해그림자 짠물을 벌컥벌컥 켜다
가쁜 숨 몰아쉬는 깊은 탄식 소리가 침묵마저
녹일 듯 애절하고 간절한 붉은 울음으로 흐르면
억년을 떠내려간 물길 따라 천애이역(天涯異域) 도는
해는 날마다 바닷속 깊은 세계로 침잠(沈潛)하고
닭이봉 겨드랑이 아래 잠든 격포항은 내일도 또
붉게 드리울 노을에 일만 마리 물고기들 물 위로
솟구쳐 시간 밖 하늘을 수놓을 겁니다

내 영혼의 성장을 막고

섭섭한 돌이 커서 미움의 돌이 되고
응어리 돌이 뭉쳐 분노의 산이 되고
숱한 상처의 돌들이 마음 판에 박히면
내 영혼은 시들어 성장을 막고

비교의 옻나무와
질투의 가시나무
마음에 그려진 내적 이미지가
영혼이 썩는 미움의 쓴 뿌리 되어도

걱정은 뇌의 부종이라며
무거운 근심을 허공에 얹고
나는 별문제 없다는 자아도취적 착각

드러나지 않은 숨은 죄를 청산하려면
마음에 똬리 튼 침전물을 걸러 내야건만
허기진 갈등들 여전히 솥뚜껑만 두들긴다

당신의 소유권을 송두리째

당신의 소유권을 송두리째
그분께 양도하면 그분은 당신의
캄캄한 마음에 창을 내시고
천국 시민으로 맞이합니다
당신의 힘으로 벗을 수 없는 죄의 짐도
그분을 만나면 벗겨집니다
신분도 묻지 않습니다
과거는 더더욱 묻지 않습니다
낙엽이 진다고 나무는 따라 죽지 않습니다
육신은 낙엽처럼 흙으로 돌아가고
영혼은 흙이 될 수 없습니다
죽음은 끝이 아닌 새로운 시작입니다
악을 선으로 바꾸시는 그분께서
오래 참으심으로
당신을 기다리십니다
왜냐하면
한 영혼을 천하보다 귀히 여기시니까요

달필이고 능필이다

자음과 모음이 정형화를 벗고
개성으로 갈아입고 붓끝에서
한 획 한 획 너울너울 춤추며
스토리가 읽히는 도우미가 되었군요
필체가 사람의 혼과 맘을 드러내듯
형상과 느낌까지 담아내니
그저 예쁘기만 한 줄 아시나요
마음으로부터 나오는 디테일한 서체랍니다
자음이 한 송이 예쁜 꽃으로 피어나고
모음이 한 마리 나비되어 꽃과 나비 어우러져
바람에 흔들리고 쓰러질 듯 쓰러질 듯
사십오도 누운 채로 긴장감을 유지하니
눈길을 사로잡고 무덤덤한 맘까지 훔쳐
사물의 혼을 담아 훨훨 날고
감각도 살아나 훨훨 나는
캘리그래피는 달필이고 능필입니다

민망한 소풍

열린 봉분이 압착된 햇빛에 눈을 떴으나
비빌 얼굴도 마주 볼 눈도 없는 민망한 소풍에
예조차 갖추지 못하고 형언할 수 없는 당혹감에
당연한 주검의 귀결이지 하면서도 마음이 무너진다

잘살았든 못살았든 허망하게 덮어버린 한 생애
우주의 본향에는 어떤 좌표 그려두고 소풍 오셨을까
그 길을 따라나서기라도 했을까 가다 말았을까
못다 한 말 서린 말 날개를 달지 못해 쌓였을 테지

가쁜 숨 몰아쉬며 토해 내는 토치램프 불꽃 사이로
사위어가는 주검이 매캐한 연기로 피어오르고
가시는 길 뒤따르던 바람마저 방향을 잃고
흙먼지에 몸을 숨겨 언덕 아래로 내리구른다

생을 담은 검은 대리석이 포악한 철 상어 아귀에
잔혹하게 뽑혀 수습한 유택 속으로 곤두박질이다
자자손손 기려야 할 표지석 한 점 허하지 않는
비정함에 고개 숙인 산자는 마음이 천근이다

도킹(docking)

내 서툰 감성이 활자로 엮여 한 권의 책으로
세상에 모습을 드러냈다 나의 일상에서 채득한
쇄말한 체험이나 삶에 대한 나만의 담론들을
누가 눈여겨 들여다보고 공감할 것인가

태어나서 처음으로 내 이름이 들어간 책을
상재하는 설렘보다 세상에 나가는 두려움에 갇혀
있는 나의 서툰 감성은 낯선 존재감으로 착륙한
어느 도시에서 일면식도 없는 이의 눈에 한
소절이라도 공감을 얻었다니 나에게 문고리를
잡을 비상구가 되어준 것이다

세상만사 제 눈의 안경으로 바라보더라도 새롭기만
하면 된다는 뜻은 아니라는 점에서 시는 개념이
아닌 감각의 언어이고 시인은 누군가의 감동을 의식해
시를 쓰는 게 아니라
자신을 채워 나가는 방식으로 쓰는 것이라지만
새롭되 참됨을 담고 누구나 고개를 끄덕일만한
그럴듯함 그걸 그도 과연 발견했을까

결코 착륙할 수 없는 곳에서 그를 만난 것은 무슨 인연일까
 서툰 내 감성들을 눈으로 해독하던 행간에서 도킹이 이뤄지고
 마치 방향을 잃고 우주를 헤매다 교신이 이뤄진 듯
 주파수가 맞춰지고 그의 염려와
 그의 외로움마저 내 것이 되어
 내게 위로와 기쁨이 되고
 잡다한 수다마저 좋은 글감으로 다가온다

 서로 다른 영역에서 집요하게 살아가는 의미를 찾다가
 한 발 물러서 삶을 둘러보다가 행간에서 만난
 작은 공감으로 주고받는 관계형성이 정서적 도움을 받고
 무언가 연결되어 있다는 느낌으로 눈에 보이지 않던
 작은 것으로부터 내 집필의 의미로 다가와
 생명력을 불어넣기도 하고
 나로 하여금 감각 세계의 풍요의 밭으로 흘러가게 한다

물 같은 삶

내가 가진 색깔로 그려가는 그림도
원하는 대로 그려지지 않는 일상에서
때론 자존감의 상처에 붙들려
완벽만 추구하다 보면 막힘없는 물처럼
거세게 흘러 자아도 관계도 붕괴된다

시시한 인생은 살기 싫다면서
왜 자꾸 시시한 척할까
비교로 말미암아 추락하는 자아가
스스로 초라해지지만
그 누구도 시시한 사람은 없다

끊임없이 대지를 뚫고 흐르는 물도
가던 길이 막히면 옆으로 돌아가듯
결핍은 늘 나를 긴장하게 하므로
좌로나 우로나 치우치지 않고
무릇 마음을 지키면 복은 덤으로 온다

마음에도 알통이 있고 힘줄도 있다
추락한 현실에서 자아를 부정하고

고난을 통해 빛을 발견하면
내 약함과 초라함도 낮은 곳으로 흘러
낯내지 않고 만물을 키우는 물이 되리라

얼룩무늬 밑줄들

단타 과외선생의 몰인정한 가라사대가
냄새를 풍기며 거실을 가둔다
함부로 꺾인 나뭇가지처럼 날카로운 말들
튀어나와 가속페달을 밟은 나의 생각들
송곳처럼 꿰뚫는다
동공에 지진이 나도록 철썩철썩 따귀를
후리는 상한 밑줄들

침묵이란 밭을 갈고 씨앗을 뿌린 후에
새싹이 돋아나기를 기다리는 농부의 마음으로
나는 고요의 그물을 둘러친다

그와 나는 부부라는 이유 하나만으로
거멀못을 친 사이지만 인생길을 가노라면
울퉁불퉁 삶이 덜컹거리고
어둠이 앞을 차단할 때도 있다
성격은 제각기 생존본능에서 비롯될지라도
한뉘를 살아내야 하는 부부는 한편인 듯해도
어떤 계기로 비로소 견고한 뿌리를 내리는 법

온갖 자극으로 부어 있던 마음 가라앉히고
삶의 껍질 속 애벌레처럼 박혀있는 얼룩무늬
밑줄들 들여다보니 성찰과 감사가 얹혀있다
수족관 물고기는 상어의 잔소리가 삶의 이유이듯
마누라 잔소리는 가정이란 작은 우주를 운행한다

영혼이 마른 자들

분별력을 잃으면 영혼은 노략 당한다
영혼이 마비되면 손은 발을 탓하고
눈은 머리를 탓한다
마비된 영혼은 죄를 짓고도 애통함이 없으며
맘 속 은밀한 탐욕 주머니는 든 것도 없이
부질없는 군것질로 헛배만 부르니
그릇된 포만감은 교만한 개가 된다
개는 먹을 것을 주면 경계를 풀고 꼬리를 흔들어
먹이를 주는 자가 누구든 따지지 않고
땅에 떨어진 먹이도 게걸스럽게 핥아 먹는다
이 땅에 정의를 수호해야 할 일부 법조 삼륜들
명예조차 안중에 없는 교활한 개가 되고
분별력을 잃은 영적 문둥이가 되었다
조폭양아치의 술 한 잔에 꼬리를 흔들고
노력 없는 뭉칫돈에 법봉을 두드리니
진영논리에 휘둘리고 정치이념에 매몰된
개들의 판결은 조악(粗惡)할 수밖에
배를 띄우기도 하고 뒤집기도 하면서[載舟覆舟]
먹이만 핥으면 그만인가

탈출을 꿈꾸는 내면

무슨 생각이 나를 지배하는가
어린 시절 어른 되기를 갈망(渴望)하던 어른이 되어
다시 어린 시절을 갈망하는 철부지 같은 욕망이
내 연민에 빠져서 내 감정의 기준대로 판단하고
내 감정대로 끌고 간다면 나를 보지 못하니
현재도 누리지 못하면서 미래를 염려한다
온갖 망념으로 부어 있던 마음 가라앉히고
죄악의 침전물을 걸러내야 자의식에 지지 않고
순수한 자신의 내면이 성장할 수 있으련만
온갖 리허설만 가득 찬 내면은 텅 비어 있다
화를 내더라도 죄는 짓지 말라 함은
화를 품으면 복수를 부르고 마귀에게 틈을 보여
마귀들이 뛰어놀 공간만 제공함이고
적게 일하고 많이 받고자 함도 도둑놈 심보거늘
하물며 살았던 적도 없었던 것처럼 죽는 것을
모르고 사는 인간이 마음 밭 하나 갈지 못하면서
자신이 처한 위치나 행동 사회적 존재로서의 관계
타인과 구별되는 자아로서의 자기에 대한
의식까지 자신의 내면에 대하여 아는 일이랴
독방에 수감된 내면은 끊임없이 탈출을 꿈꾸지만
희망이라는 최면에 걸려 흘러갈 뿐이다

배설의 기쁨

부정적인 생각들이 새끼 친 괴물이 얽혀
증오와 독설로 쓰디 쓴 저주를 뱉어내며
심신을 지배하고 화평의 길을 막아서지만

뼈와 살을 키질하고 있던 미운 내면에도
분명 서로의 相思는 도사리고 있었을 터

어진 자만이 사람을 좋아할 수도 미워할 수도 있다고 하듯
진정한 용서란 그를 향한 미움과 원망에서 놓아주는 일이다

입으로 먹은 배설은 하루면 족하나
분노로 마신 화는 매일 증오로 쌓이니

나를 분노케 하고 고통스럽게 하는 화를 배설하면
자신은 자유롭고 용서는 지나간 일을 바꿀 수 없지만
다가오는 미래는 바꿀 수 있다

명경 같은 맑음 길어 올려 닫혔던

마음에 샛문을 열면 보이는 여백
그 여백에 사랑의 꽃을 피우려는
배설이 곧 자신에게 베풂이고 사랑이다

반추

얼마를 더 살아야 내 생의 사다리를 다 올라서
세상을 보는 눈을 가질 수 있을까
이리 살든 저리 살든 산다는 것은 견딘다는 것이고
이만큼 살았어도 어릴 적 가난이나
사회적 약자의 그늘은 늘 아픔으로 남아 있다
추억으로 가슴에 쌓인 숱한 연고들 하나씩 풀어놓다 보면
길고 짧고 불규칙한 세월을 어찌 살아냈을까 싶다
마치 원시의 밀림처럼 한 폭의 수채화처럼
다양한 삶의 결들이 아련하게 펼쳐져 있다
햇볕에 말리고 싶은 추위와 채워도 채워도 허기지던 가난은
어찌해도 거둘 수 없었던 그 그늘들을 거두려 애쓴
수고의 흔적들도 꽃은 피우는 시간만큼
향기를 머금고 나무와 잎이 햇살에 기대고 성장하듯
서로 기대고 나누며 살아냈던 삶이 아니던가
세상 이치를 모를 때는 결과물이 먼저 보여
처음부터 화려한 것만 눈에 들어오던 탓에
시도 때도 없이 괴롭히던 내면의 갈등들을
무데뽀로 밀어붙이던 무모함도 엿보인다

아직 어딘가 기대고 나눌 수 있는 마음이
삶의 저편으로 내쫓기는 망각의 편린들을 바라보며
잠재된 욕망이 심란히 꿈틀거린다

초록 연가

연초록 짙어진 숲속
임 향한 초록의 마음
머리 풀어 제쳐 삭이네

바람 불면 춤추고
비 오는 날엔
처연히 눈물 떨구는

보소서 임이여 보소서
녹색 불길 치솟는 심장에
깃든 그리움의 홀씨 하나

임 향한 지순한 마음
나날이 푸르디푸르게 익어
방울방울 매달고 있는

바람은 현상이다

홍수가 심해지면 강물의 소류 현상이 일어나듯
결과물이 먼저 보이면 통제할 수 없는 바람이 분다

내 삶을 통제할 수 없는 바람이 불 때
돛을 펴서 그 바람을 이용할 수 있다면
오늘 내가 맞닥뜨린 힘든 일상도 그냥 바람일 뿐이지만
삶에 증상으로 존재하는 바람의 현상을 굳이 진단하자면
원인이 존재하지 않는 증상은 결국 오진일 수밖에 없다

욕망에서 비롯된 오진을 어떻게 읽어야 할까

인간은 모래성 같은 욕망으로 출발해서 문명을 이뤘다지만
물질적 발전과 정신적 근심을 만드는 욕망도 오롯이 삶의
일부로 바람에 길들여진 마음 판에 현상으로 도사리고 있으므로
바람의 현상이 일어나지 않도록 마음을 자주 헹구고
단속을 게을리하지 말아야 할 일이다

나쁜 교육

야만의 정의를 다룬 창작물이 인기다
학폭 묻지마살인 낯 뜨거운 불륜 드라마가
허구적 논리로 진실을 호도하고
사법 불신을 부추긴다
강력 범죄는 사회 활동의 부산물이고
맹장처럼 매달려 필요악으로 인간 본성을
파괴하는 예능이 되어 안방까지 차지했다

세상이 미쳤다
유튜브와 공중파 케이블까지
자극적인 것만 찾는 사팔뜨기 입맛에 맞춰
범죄를 스릴러로 연출하는 뻔한 사건도
방송으로 보면 오싹오싹 소름이 돋는다

영상의 주술이다
사건을 부검해 살아갈 교훈을 얻기보다
공포의 포로가 되어 즐기다 닮아간다
불특정 다수를 예비가해자로 만드는 범죄 예능

여성과 약자를 꽁꽁 숨게 하고 약자를

심리적 물리적으로 위축시키는 나쁜 교육이다
공포안심 보험이라도 찾아봐야 할 판이다

청란(青蘭)

세월의 이끼 낀 오래된 집 한 채
헐어내고 돋아난 청란
마치 허물을 벗는 애벌레의 지난한 과정처럼
성숙의 시간을 담보했더란다
소리도 나지 않고
깊이 흐르는 고요한 물처럼
소멸에서 생성을 기약하는 기다림의 시간들은
자식들 비 맞을까 평생 우산이던
얽매인 삶 풀어 놓고
샛문을 여니 보이는 여백이다
세월의 파도에 밀려난 꽃잎도 뉘이고
바람길 숭숭 난 가슴도 열어 보이고
허기진 눈에서 떨어지는
닭똥 같은 눈물 한 방울까지
여백 가득 채워놓고
가물가물 여울지는 뒤 돌아보니
무대에 올리지 못한 각본들 먼지만 푸석한데
잎새 진다고 나무 죽지 않듯
단역으로 잊힐 뻔한 이름
비바람 이겨내고 한 포기 청란으로 피어

화선지 위에 영원히 숨 쉬리라
당신은 우아한 사군자향입니다

내 마음의 풍경

왜 겨우 이것뿐이지
초라한 것 같은 성적표가
물 먹은 솜뭉치였다가
잔잔한 호수였다가
그리움과 아쉬움으로 먹먹한
향수를 불러 뒤죽박죽이다

가족마저 소유물인양 착복하고 군림하던
어리석은 가슴은 열어 보일 수도 없었다만
허기진 눈에서 떨어지던 닭똥 같은 눈물방울은
흘러내려도 소리조차 나지 않고
서러움 젖어 뉘인 꽃잎만 적셨구나

나로 인한 관계와 인연들 불편을 겪으면서도
인연이라는 이유로 삐걱거림에도 화해하며
견딘 시간만큼 깊어진 관계들이 보듬은 세월은
놓친 것도 이룬 것도 바람처럼 스쳐갔지만

쓰나미를 만나 떠내려갈 때
잡은 동아줄에 묶여

주체할 수 없던 청춘이 걸어갔던 길 위에
서 있는 이정표엔 욕봤다 너! 참!

내 맘속 허영의 진열장에는 보여줄 것도 없는
나의 삶이 쉼표처럼 군데군데 숨어있다

3부
별을 품은 남자

별을 품은 남자

그의 가슴 작은 우주에는
온통 별밭이다
그의 뇌수에도 미리내가 흐른다
좌절의 결핍을 혼자만의 비밀인 양
가슴에 묻어두고 은하계를 걸어 나와
더 차가운 슬픔으로
낯선 해연(咳埏)에 내려앉아
때론 달님을 향해 짖는 부엉이가 된다
물간 생선처럼 지워지지 않는 비린내 묻은 마음
뭔가 토해 내고 싶은
뭔가 채워지지 않는
그의 별밭 창가에는 항상 바깥만 가득하다
찢기고 스러져간 공간들의 금 간 시간들을 깨물고
탈출을 꿈꾸지만 한계를 먼저 설정하고
피우는 슬픔은 바닥이 없으니
빈자리를 빈 채로 두는 것은
얼마나 쓸쓸한 다행입니까만
오늘도 그의 별 밭에는
여러 개의 허공만 겹쳐있다

골삼 이삼

갑은 갑의 권한이 을은 을로서 감당할 몫이 있다
을은 갑과 주종관계가 아닌 섬김이므로
눈가림으로 먹고살지 않고
갑 같은 을로 살다 보면 세상은 바뀐다
불의한 갑질에 일희일비하지 않고
숯불을 머리에 쌓아두고 섬기면
공평한 보응이 보상하리라
보이지 않는 바람도 잡아 둘 수 있는 권력으로
수많은 유혹이 일렁이는 무대에서 그는 연기자로
살다가 어둠 속 허깨비처럼 사라질 수도 있었다
그는 을이면서 모든 일을 주께 하듯 하니
갑 같은 을이었으나 선을 넘지 않는
을의 탁월한 영향력으로 세상을 바꿨다

* 골 3:23 : 또 너희가 무슨 일을 하든지 마음을 다해 주께 하듯 하고
  사람들에게 하듯 하지 말라

가치관의 극과 극

나만의 행동 방식 존재 양식이 반대의 것보다
더 의롭고 바람직하다는 신념으로 쌓인 연륜은
여백도 살아갈 이유이지만 사람은 어쩌면
부정한 물건 같아서 의롭다 하나
그 의(義)가 누더기 같아서
내면은 지루한 황폐함이 머물러 권태가
수시로 시간을 훔쳐 감옥을 짓기도 허물기도 한다
잎새는 환경의 영향을 받을지언정 물들기까지는
기약 없는 긴 매달림으로 팔랑팔랑 우거지다
살기 위해 낙엽 지지만 낙엽이 진다고
나무는 따라 죽지 않는다
한 잎 잎새가 낙엽 지는 것과 생을 마감하고
흙이 되는 사람이나 무엇이 다르랴만
단풍이 들면 시절을 노래하고 낙
엽이 지면 이별을 슬퍼하는 시간과 세월은
공평하게 쓰는 사람에 따라 다르듯
날마다 우리 곁에 있는 행복
그것을 발견하는 눈은 우리 마음속에 있으므로
직업이 행동이 판단이
가치관도 삶의 방향도 좌우한다

내면이 바뀌면 상대를 탓하지 않고 증오도 다스릴진대
육신을 입은 물리적 존재로 태어나
삶의 추상적 가치만을 좇아 죽지 않을 것처럼
살아도 반드시 육신을 벗어야 할 날이 오지만
준비도 없이 허둥지둥 살다가 죽으면

끝이라고 믿고 멸망하는 것도 모르고 사는 것이 인간이라면
살기 위해 낙엽 지는 잎새는 곱게 물들어
가치를 극대화하고 죽기 위해 사는 사람은
정점을 찍고도 내려오지 못하고 추락하니
잎새와 사람의 수단적 가치관은 극과 극의 표상이다

허니문

혼들을 불러 모아 씨가 될 말로 서약하고
발목에 족쇄 채워 둘만의 구역을 설정하여
아담과 이브처럼
나는 너를 입고 너는 나를 신고
세상을 밟았으니
너의 따뜻한 마음이 나의 건조한 마음 적셔
순백의 캔버스에 피를 엮어 집을 세우자

대기권 밖 시원(始原)의 밀림에 숨어
가두어 두었던 원시의 궁금함
우리의 눈부신 사지를 스캔하며
세상을 딛고 설 힘을 기르고
서로에게 분명한 기표가 되자

나는 너의
밤을 공전하며 지우개처럼 닳아져 갈 것이고
너는 나의
낮을 자전하며 촛불처럼 타들어 갈 것이다

서두르지 말자
혹여 앞만 보고 달리는 경주마 될라
너무 많은 의미도 두지 말자
이름 없는 날들 이름 없는 꽃들이 모여 봄이
오듯 견딘 무게만큼 인생도 깊어지리라

불 꺼!
올챙이들 수영할 시간이야

판을 바꾼 지렁이

앗! 뜨거 뜨거
낯! 뜨거 뜨거
너 때문에 세종대왕 뿔났다 뿔나
앗! 뜨거 뜨거
낯! 뜨거 뜨거
너의 그 메모가 판을 바꿨다 바꿔
한 다스의 체포 명단
너의 지렁이 필체는 백만 불짜리
한 방에 쓰러져
너의 혓바닥은 백만 불짜리
한 방에 쓰러져

어둔 공터에서 왼손 몰래 오른손이 쓴
그걸 해독한 보좌진이 샹폴레옹이네
세종대왕의 후예다운 신 홍민정음이네
어쩌냐 갈수록 수렁이다
내숭 없는 달콤한 너의 입술
불나도 좋아 녹아도 좋아
사나이 의리 따윈 없어도 좋아

큰일을 하려면 말을 신중히 해야지
비라를 만들어 나팔수 노릇을 해
병은 입으로 들고 화는 입에서 나는데

공들여 준비한 필살기
권위가 희화화되어 힘을 잃고
몰이가 수명을 다하여 간당간당하구나

9월

여름 한 그릇 시원하게 마신 구월이
어정쩡한 이야기를 주저리주저리
하는 듯해도 해산을 위한
산통을 겪는 중입니다
구월은 상념의 짙푸른 잎사귀들
채색할 물감들 챙기느라 분주합니다
코스모스 한들거리는 들판에 나가
참새와 실랑이도 벌입니다.
새벽 찬 공기와 대낮 뜨거운 햇땅에
한 뼘이나 짧아진 해 따라
구월이 노릇노릇 말라갑니다
소슬바람의 망치질에 처마 밑 시래기
한줌 부스러짐으로 갈은 익어가고
섬돌 밑 귀뚜라미 울음소리가
뒤꼍 그늘처럼 사시다가
하늘 가신 엄니가 그리운 9월입니다

꽈리사냥
- 시조

어디 봐 그 엉덩이 벌겋게 부푼 것 좀 봐
지난번 따내고서 다 아문 줄 알았는디
하루 새 또 그 자리가 지체가 높아졌당게

엉덩이는 살이 많아 몰래 썩기 좋은 곳인디
간밤 신열에 탱글탱글 옹골지게 익은 것이
왜 하필 영락없는 꽈린디 볼기짝에 심겼당가

토실한 엉덩이 계곡처럼 쩍 갈라진 것 좀 봐
심장이 벌렁거려 저걸 또 어찌 딸랑가 몰라
마누라 끝탕에 목 졸릴 꽈리는 분화가 답이다

고작 겨자씨 한 알로
- 시조

고작 겨자씨 한 알로 상속자의 권위를 받아
나는 이만하면 믿음이 좋다고 착각하는 교만이
우상을 숭배함을 모르고 사는 아둔한 인생입니다

세상잡사의 굴레를 벗지 못하고 무늬만
크리스천인 종교인으로 살아 가면서도
선택된 자유 안에 방종하며 저지른

대가에 책임을 전가하고 핑계를 찾고
독사의 혓바닥은 남의 허물을 입에 올려
간식인 양 씹고 웃고 떠들며 빨랫줄에 내 널고

성령의 역사는 언제나 말씀에 중심을 두고
오늘도 우리네가 누리는 삶 가운데서
아직도 우리에게 성령은 비가시적으로 역사하건만

가시적 기적이나 계시에 눈 귀 열고
서당 개 삼 년이면 풍월을 읊는다고
식당 개 삼 년이 되면 라면을 끓인다는데

연륜으로 헤아리나 관록으로 비춰보나
마땅히 가르칠만한 권위가 섬직도 한데
아직도 젖니로 젖을 먹는 부끄러운 겨자씨

문화권 유명세는 BTS급

"잰 며느리가 본다"는 속담 속 부지런한 성공신화의 주역으로 당나라 시인 이단의 한시에서는 절 받는 의인화(擬人化)로 대접 받고 빈센트 반 고흐의 "사이프러스 나무와 별이 있는 길" 위에 떠 있습니다 스스로는 빛을 내지 못해 반딧불만도 못한 천체라고 무시하지만 이쯤 되면 문화권 유명세는 BTS를 초월합니다

내 모습이 보이지 않을 때 삭(朔)이라 합니다 존재감도 없이 서쪽 하늘에 잠깐 보였다 사라지고 어둠을 제대로 사르지도 못한다고 폄하하지만 슈퍼문(supermoon)을 만들기 위한 새달(New Moon)은 고난의 행군입니다

새벽녘 해가 뜨기 직전 동쪽 하늘에 잠깐 나타났다 날이 밝으면 금방 시야에서 사라집니다 잠꾸러기는 볼 수 없는 Old Moon입니다

사람들은 나를 요염하다 예쁜 계집 같다
가슴이 저리고 쓰리도록 외로운 여인 같다
가련하다 하면서 세상의 갖은 풍상을 다 겪고 무슨 원한을 품고 있는 듯 애절함을 느낀다네요

초승이와 그믐이를 손톱 모양으로 구분해 보세요
왼손 엄지손톱처럼 오른쪽으로 보이면 초승이
오른손 엄지손톱처럼 왼쪽으로 보이면 그믐이랍니다
우릴 따다가 각시방에 걸어둘 생각일랑 1도 하지 마세요

시인들이 시어로 쓴다고 퍼가고
화가들이 화폭에 심는다고 캐가고
계수나무와 토끼만 겨우 숨겼걸랑요

무서리가 내린 날

천천히 걷는다고 어디 인생 시계가
느리게 가던가요

빨리 가고 싶어도 진이 빠져
터덕거리는 걸요

남들은 남겨진 추억이라도 먹고
산답디다만

꺼내봤자 뿌연 먼지를 뒤집어쓴
시리고 아픈 것들뿐

무서리가 내린 날 뿌연 아침 햇살이
덮인 안개를 거둬 갈 때 문득

오늘은 무슨 좋은 일이라도 있으려나
설렘으로 창밖을 내다보지만

좋은 일도 피돌기가 격렬하고 땀방울이
춤을 출 때라야 말이지

어쩌다 가슴 뛸 모퉁이라도 만난다면
그나마 자다가 떡 얻어먹는 격이지요

찬비에 쫓겨 가는 여름이

알아서 떠나면 좋으련만
굳이 찬비를 맞고 명분을 만든다니
그도 그럴 것이 열이라도 식혀야
몸을 추슬러 움직이지

생명을 유지하는 필수 에너지임에도
사람들은 덥다덥다 투정만 하더라만
결코 이기적이지도 이타적이지도 않았으며
그렇다고 서두르지도 게으르지도 않았으나
소멸을 앞둔 조급증이 허물을 벗는 애벌레의
지난한 과정처럼 경이롭다

바람이 불기 전에 풀이 먼저 눕는다고
기러기 겨드랑이 아래 잠들어 있던 가을이가
기지개를 켜니 뙤약볕에 던져 놓은
늘어진 그림자 덩달아 서들댄다

저녁은 소멸에서 다시 생성을 담보하지만
거스를 수 없는 순환의 질서 앞에
삼복(三伏) 제국의 영화도 찬비에 자리를 내주고

입 비뚤어진 모기 앞세우고
찬비를 맞으며 쫓겨 가는 여름이

망념(妄念)

인간의 한뉘는 환상과 현실이 자주 겹친다
쓸어도 쓸어도 쌓이는 먼지처럼
지우고 비워도 마치 경주마처럼
성취의 출발점에 서 있다
견고히 뿌리내린 망념이 야로를 만나면
망치가 되어 못을 겨누고
이성의 벽은 허물어져
불안을 감추기 위해 하늘을 바라보면
여러 개의 허공만 겹친다
눈에 보여도 쉬 잡히지 않는 꿈은
가까이 있어도 너무 멀거나
발밑에 있어도 산꼭대기거나
설익은 과일을 먹을 수 없듯
시간이 필요함에도
꿈이 날아갈세라
망념은 환상과 현실을 마구마구 버무린다

투구꽃 가을 동화

흰 돌쩌귀는 만나기 쉬운 꽃이 아니라는데
천사들이 거닐다간 평창 용평골에
너만의 아름다움으로 길가에 서서
미소를 주고 내 눈 속으로 걸어와
심쿵한 내 맘 붙드네
"나를 건드리지 마세요"
사랑을 지키려는 꼬마 병정들
투구 안에 얼굴을 감춘 채
지난여름 수마가 할퀴고 간
흔적위로 다양한 들꽃들과
상처 입은 그 땅이 아물도록
수줍게 피어 상처를 보듬고 있는
너는 내 사랑 지켜주는 가을 동화

후진 기어가 없는 자동차

하늘가는 자동차는 구부러진 길도 후진 기어도 없다
고통의 살 맞대고 썩기로 작정하면 어딘들 못 가랴만
과녁을 벗어나면 푯대를 향해 달릴 수 없고 구부러진
길을 따라 돌아가면 냄새나는 배설물뿐이로되
거기 개들은 말씀 밖에도 구원이 있다 하고
살을 베어내는 자들은 율법과 할례만이 구원이라 한다
쾌락의 기름 펄펄 끓는 어둠 속에서 미끌거리는
물질적 충족은 영적 빈곤으로 이어진다
율법적 의가 뛰어나다는 육체 신뢰하다 올무에
차압당해 수습할 수 없는 참사쯤이야 대수롭지 않다며
마음이 몸을 지배한다
누군가를 기쁘게 하고 내 영혼의 주인님을
근심케 함보다 누군가를 근심하게 하더라도
내 생명의 주인님이 기뻐하시는 삶이 좋거늘
부평초 같은 상한 영혼아
전능자를 두려워하는 것이 지혜의 근본이니
그분의 이름으로 말미암아 고난이 와도
하늘가는 자동차는 후진 없이
고통과 설움의 땅 훨훨 지나 직진할지라

번호 인간

태어나면서부터 열세 자리로 개념 지어
나를 지배하는 번호가

인간의 존엄도 인격이 없는 숫자로 분류되어
관리하기 편한 서류처럼 사는 세상이다

석차로 분류하고 대기 번호로 줄을 세우고
비밀번호로 나만의 영역을 지키지만

나는 바이러스 덩어리가 아니라 사람이라
소리쳐도 비인간적인 낙인이 찍힌

사람은 육신이라는 물리적 존재로 태어나 번호를
부여받고 티키타카 세월을 울고 웃는다

수채화물감 같은 인연

옷깃을 한 번 스친 적도 없는데
오천만 분의 일 생면부지의 사람아!
어떤 인연의 끈이 닿았길래
아침 창을 열고 안부를 묻고
자잘한 일상을 쪼개 행간을 엮어
마음을 나누는 인연이 되었나

야생의 들판 같은 마음 밭을
마치 정원을 함께 가꾸듯
잡초를 뽑고 유용한 씨앗을 심어
햇볕을 데려다 그늘을 말리고
자음과 모음을 섞어 자신의 서사와
감성을 전하는 것에서 그치지 않고
기진한 소박한 욕망들 꿈틀거림은

더 먼 곳 보이지 않는 곳까지
희로애락의 정서를 골고루 섞어
향기와 빛으로 살아내고자 하는
삶을 지향하는 담담한 마음이
수채화를 그리고 싶은 물감 같은
아름답고 진귀한 인연입니다

꼭 단풍이 아니어도 좋다

너는 필연코 이 땅에 심겨질 운명이었어
결핍의 상징 버즘을 온몸에 새겼으니
너 사랑스런 플라타너스여!
버즘나무로 이 땅에 거듭났노라
우람한 체격으로 가로변에 서서
빛의 속도로 질주하는 철마들의 토사물을
뒤집어쓰고 넓고 큰 푸른 잎은 해 아래서도
푸르며 굉음을 막는 방벽이요
그늘을 내는 차일이로다
오호라 잠 못 들고 하얗게 발기한 도시의 밤도
너의 아름드리 품 안에서 쉼을 얻는도다
칼바람 찬 서리에 살을 베여 낙엽으로 구를 지언정
좀처럼 내주지 않는 너의 푸른 고집에 작렬하던
태양도 평등을 지우고 너를 비켜가누나
그래 꼭 단풍이 아니어도 좋다
너의 단풍 들지 못함을 두고 지는 해도
붉디붉은 신열만 앓는다

파란 마음

수없이 많은 바람이 스쳐 지나갈 때마다
세월은 내게서 많은 걸 허물고 가고
색이 변하고 삶의 무게만 얹혔어도
내 맘속에 있는 너만은 빼앗기지 않겠다고

굳이 장광설을 늘어놓지 않아도
가벼운 떨림과 함께 숨어있던 파란 마음은
재채기 같아서 숨기려야 숨길 수가 없다

고통과 시련이라는 어둠을 통해서만
볼 수 있는 내 삶의 파란 별도
냉혹하기 이를 데 없는 시간 앞에
삶의 내부를 확장하려는 몸짓으로
나를 파랗게 반짝이고 있다

낙엽으로 퇴적되는 아픔을 겪어도
언제나 새롭게 태어나기 때문에
곱던 단풍은 낙엽을 슬퍼하지 않듯
내 맘 깊이 뿌리내린 파란 마음도
나이를 갖지 않고 도르래처럼
내면의 허무를 길어 올린다

울 엄마 꽃

하늘 가는 소풍 길이 그리도 급하셔서
눈물 뿌려 가시다가 뒤돌아보시다가
학교 가는 길섶에서 하늘을 덮고 누워
빗장 열어 바람 되고 응원의 불 밝히고

엄마 엄마 어린것이 어쩌라 어쩌라고
여자로서 갖출 덕목 어디서 읽히라고
엄마 무덤 쓰다듬다 파아란 하늘 보면
엄마 미소 피어나던 신기한 뭉게구름

모진 것이 목숨이라 재량껏 살았더니
여섯 번이 변한 강산 소녀는 할미 되고
모녀 상봉하는 날에 엄마가 더 젊어서
몰라보면 어쩐다지 보톡스 서너 병을
멱을 감고 발라보고 분단장 꾸며볼까

엄마 엄마 걱정 마요 열심히 살았더니
엄마 닮은 모습으로 많이도 이뤘다우
우리 엄마 산소에는 용담초 곱게 핀다
슬픈 그대 꽃말처럼 쓰디쓴 용의 쓸개
진보라 향 취해보는 용담초 울 엄마 꽃

핑계

눈부시게 빛나던 찬란한 태양도 때로는
작은 빗방울에게 자리를 내주고 빛을 잃듯

인생길 가노라면 노면이 울퉁불퉁하여 삶이
덜컹거리고 어둠으로 앞이 캄캄할 때가 있다

육신이라는 물리적 존재로 태어나 인생이라는
추상적 가치를 좇아 두려움과 함께 늙어간다

마음의 배낭에서 이고 진 삶의 짐들
덜어내다 보면 마음의 감옥도 허물어질까

내 삶의 언저리 맴도는 번뇌의 혹 놔주러
방전된 에너지를 핑계로 길을 떠나볼까

언제 어디서 잃어버렸는지 기억도 없는
설렘이라는 감각이라도 찾았으면 좋겠다

4부
사람도 흐른다

사람도 흐른다

사람은 탯줄을 끊는 순간 노트는 시작되고
일상 속에 숨어있는 미적분을 찾아 흐른다
여자를 벗고 한 남자의 아내로 갈아입고
난 평생 남편의 어깨에 꿈을 심었고
남편은 평생 나의 얼굴에 색을 채우며
우린 그렇게 종종 타인이 되고 우린 서로가 되어
누군가의 스승이며 누군가의 제자였다
오르기 힘든 큰 산이고 파도가 넘실대는 바다였던 남자는
세월 따라 흘러 작은 동산이고 동네 저수지가 되어간다
얼음은 물이 얼어서 된 것이지만 물보다 차다
곧은 나무를 구부려 바퀴로 만들면 구부러진
형태가 곡척(曲尺)에 부합하듯 볕에 말리더라도
다시 펴지지 않는 까닭은 구부려 놓았기 때문이다
나무는 먹줄을 받으면 곧게 되고
쇠는 숫돌에 갈면 날카로워지듯
날마다 스스로를 거듭 반성해야 슬기는 밝아지고
행실은 허물이 없어지련만 세상은 끊임없이 나를 옭아매도
자유로운 나의 영혼은 칠십 고개를 오르다 보니

깃털마냥 가벼워지고 있구나
높은 산에 올라 보니 비로소 하늘이 높은 줄을 알거늘
깊은 골짜기에 가보지 않고서 땅이 두터운 줄을 어찌 알리요
산을 옮길지언정 바꾸기 어려운 습관도 바다를 메울지언정
채우기 힘든 욕심도 자신의 자화상을 지켜내고자 모순된
외형상 도덕적 순결로 포장하며 산다
깨진 유리창으로 찬바람이 들어오는 것이 바람의 잘못이
아니거늘 어찌 바람을 탓하랴
독백은 때때로 한 폭의 풍경이 되어
사람도 풍경도 덧없이 흘러가고
우리 호흡의 미래인 하늘만 올려다본다

주름은 말합니다

주름진 구비마다 모진 세월 파묻었건만
삭혀서 곪아 있는 인고의 무게가
미간에 내(川)가 되어 흐르고
출구를 찾아 헤매던 나그네 여정이
팔자로 패여 지렁이처럼 흘러내린다

깊게 패인 고랑엔 삶의 흔적 출렁거리고
입가에 잔주름은 갈등과 맞서며
때론 목울대를 세우고 짖어대던
정의를 지향하던 표상입니다

몸뚱이가 밥줄인 사람들
주름도 접었다 폈다 하더라만
여정의 흔적들 표출하지 못하고
꾹꾹 눌러 가두어 둔 바짝 마른
낙엽처럼 무미건조한 주름들이

비록 내가 나 같지 않은 낯선 형해(形骸)로
다가올지라도 부끄럽지 않은 것은
치열하게 살아낸 계급이고 훈장이라고

주름은 말합니다
부끄럽지 않은 내 삶의 내력이라고

죽전 휴게소에 가면

깔끔하고 넉넉한 매장에 들어서면
출출한 허기에 사람의 온기가 느껴져
군침이 먼저 식도를 넘는다
혼자라고 망설이지 마세요
혼밥존 코너는 특별한 자존심입니다
식판을 들고 배식라인 따라
입맛대로 골라 담는 재미
메뉴도 가지가지
가격도 알뜰살뜰
가성비는 덤이고
어머니 손맛 같은 감동은 무한 리필
대구따로국밥 한 뚝배기에
달랑 김치 한 종지에도
뜨거운 시원함이 식도를 넘을 때
어머니가 떠오르는
맛 이상의 맛
지나가는 나그네라고 허투루 대접하지 않는
여정의 피로를 씻어주는 정직한 밥상
대접받고 싶은 것은 인간의 본성이고
대접받으면 기분이 좋아지는 것은 가치가

높게 평가된 것 같은 행복감 때문입니다
죽전 휴게소에 가면
대구따로국밥 한 뚝배기에
삼천층 하늘을 날아
그리운 어머니도 만날 겁니다

늘어난 인생 페이지

해와 달과 별을 보고 하루를 가늠하던
초근목피 시절엔 불혹에 중늙은이가
대륙 간 교류로 문명을 주고받는 글로벌 무대에서
늘어난 페이지는 백지로 넘어가고
세월은 깊었는데 깊은 만큼 가벼워졌으니
살을 발라낸 생선 가시 다름 아니다

육십을 사니 장수라고 잔치를 하였더니
육십은 청춘이고 불혹에도 처녀 총각
개와 고양이가 가족이 되고
잉여들 모이는 탑골에선 칠십도 막내라니
좋은 일 하나 때문에 궂은일 아홉을 견딘
어떤 하루는 너무 길어 달도 뜨지 못하더라

나를 성숙시킨 8할의 고난이 눈 내리는
겨울을 모르는 매미처럼 천국을 만들겠다는
시도는 늘 지옥만 만들어 나는 없고
허울뿐일지언정 성실할 수 있었던 건
고난에도 불구하고 기억의 끈을 동여매고
남을 의식하며 살았건만 누적된 완벽한 자기
객관화의 기표가 마음에 굳은살로 박혀있다

스스로 에너지를 만들고 작용하던 세포들
하나둘 궤도를 이탈하니 느느니 약봉지요
가는 건 세월인데 약발은 어디 가고
늘어난 페이지엔 나날이 내가 나 같지 않은
낯선 형해(型骸)로만 기록될 뿐이다

이심전심(以心傳心)

어깨를 빌려드린 적도 없는데
기대었다니

마음을 뺏은 적도 없는데
도둑맞았다니

일상을 모두 헤아릴 순 없지만
귀 기울여 당신의 신비로운 삶을 엿듣습니다

가슴으로 쓴 서사시 한 수 바람에 실어 보냅니다
무슨 말이 필요할까요

회계보고

땅에 있는 것들에 애착을 두고
소망 없는 쓸쓸한 나그네여
나그네 여정이 끝이 있다는 걸
알고 있다는 건, 답을 알고 있다는 것
백 년도 못살 인생
사라질 것들에 집착하며 혈투를 벌이던
아귀다툼도 죽음이 끝이라고 믿으나
피할 수 없는 두 개의 문 앞에 서야 할
새로운 시작은 결코 끝이 아닌
반드시 받아야 할 회계보고
천년이 하루 같고 하루가 천년 같은 날들을
그럼에도 오래 참으심으로 기다릴지니
위에 있는 것들에 애착을 두고
점도 없고 흠도 없이
화평 중에 발견되기를 힘쓸지니라

자기愛

얼굴에 새긴 주름 하나하나는 살아온
날들의 이야기이고
흰 머리카락 하나하나는 살아온
날들의 기억인 것을

더 이상 누군가를 기쁘게 하기 위한
희생은 어리석은 짓
내면의 평화가 깨지는 그 어떤 욕망도
함정일 수밖에 없다오

사람의 가치는 나이가 아닌 어려움 앞에
당당히 맞서는 것
자신의 가치를 잃어버리면 타인의
경멸에 취약해지므로
'그만'이라고 말할 수 있는 용기와
결단이 필요할 나이

밝은 빛도 시간이 지나야만 보이는
그림자를 품고 있듯
덤덤한 형태로 고독을 마주할 수 있어야
자존감을 재정비하는 피난처가 된다오

자신의 현재를 받아들이지 못하고
인정에 끌려 살 수는 없는 일
나이가 주는 약함이 아닌 지혜는 겉모습에서
볼 수 없는 가치, 자기애라오
누군가에 증명할 필요 없는 외로움 또한
진정한 사랑의 본질인 것을

붕괴

품꾼으로 땅 위에 사는 날들 정해진 기한 동안
기복 없이 살고자 하였으나
내가 은연중에 허무한 별들을 품고
품삯을 기다리는 고달픈 밤들이 무수히 머물렀도다
내 살에는 스트레스 벌레들이 우는 사자처럼
나를 포위하는 도다
내 고통이 몇 근일까
이 재앙의 끝은 어느 사막에 닿아 꽃을 피우려나
내 기력이 쇠잔하니 소망을 갖겠느냐
헤르페스 바이러스 때를 맞춰 공격하니
오작동한 면역체계 붕괴로 이어지고
이목구비 비대칭으로 재편성되었도다
눈은 잘 때도 눈을 뜨고 자는 물고기 다름 아니요
열려있는 눈망울엔 그렁그렁 눈물 고여
사별 앞에 넋이 나간 미망인의 몰골이라
입은 비뚤어져 열려있는 개구멍이요
입에 담는 말들은 거센 바람 같도다
코는 덩달아 장에 가는 주인 따라나선
강아진 양 따라 나섰구나
혈육지간 상잔(相殘)이 우환이요 찌르는 가시더라

긴 것도 내 탓이요 짧은 것도 내 몫이라니
구슬은 꿰지 않고 바늘 탓만 하는구려
팔자국경 무너지고 미간이 무너지니
미간에 흐르던 내(川) 흔적 없이 매몰되고
볼때기에 부는 바람 볼 살이 베틀인 양
밀고 당겨 베를 짜니
몰골이 어쩌면 참새에 길을 묻는 비 맞은 허수아빌세
내 기력이 쇠잔하니 소망을 갖겠느냐
이 고통 이 재앙도 개울들의 물살처럼
속히 지나 가겠느냐

세월은

한 고비 넘어 두 고비
욕망과 분노의 작살을 꽂은 채
정복할 수 없는 세월과
처절한 사투를 벌입니다
소멸과 생성을 반복하는 세월은
잠깐의 쉼도 없이
나를 또 어디로 끌고 갈 지
누망의 기다림은 마치 허물을 벗는 애벌레의
지난한 과정처럼 성숙의 시간을 담보지만
미래를 염려하다 현재를 놓치고
미래도 현재도 누리지 못한다면
운명이란 결론 앞에 무릎 꿇는 것
세월은 따라가는 것도
따라오는 것도 아닙니다
내가 사용할 뿐입니다
시간과 세월은 쓰는 사람에 따라
최상의 종이거나 최악의 주인이거나

12월

12월이 우주 정류장에 서 있다
마침과 시작의 순환열차를 기다린다
볼 것! 못 볼 것!
채우지 못한 항아리도 그대로 둔 채
다만 아쉬움은 끝 간 곳이 없어라

아득한 천지 끝닿는 것만큼이나
누구에겐 엄청 느렸을 것이고
누구에겐 너무 빨랐을 터이다

형체를 따르는 그림자처럼
빙글빙글 돌던 결승점 트랙을
다 돌았다고 끝이 아니다
주자(走者)는 또 시발점에 서 있다

매달리고 집착하고 누렸던 희로애락이
12월을 딛고 더 높고 넓은 지평을 열 것이다

소유물인 양 착각하지 마라

머리가 꺾인 채 유리관에 갇혀있다
서로 다른 자아로 인한 관계는 그렇게 쳐 박혀 있다
넌 내 소유물이니까
내 주먹 안에서 길들여져야 해
그러나 인간의 끝없는 욕망은
무엇으로도 대체할 수 없는 권역이다
탯줄이 끊기는 순간 생성되는
독립된 개체의 잠재된 욕망을 내 주먹 안에서 다스린다
그러다 반사회적 인격 장애만 발생한다
물은 흘러가면서 수많은 군상들을 만난다
그중에서도 가장 많이 만나는 것은 돌이다
날카로운 모서리를 가진 돌
모난 돌은 세상을 향해 적개심을 드러내지만
모난 돌을 길들여 둥근 조약돌로 만드는 것은 물이다
자식은 소유물이 아니다
신이 주신 선물이다
고로 나는 오로지 관리인에 불과하다

작다고 그 인격을 주먹 안에 가두지 말자
그 작음이 모서리도 만나고 모난 돌도 만나며

스스로 다듬어 가는 것이다
욕망은 삶의 목표를 달성하기 위한 꿈이고
삶의 의미와 방향을 제시하는 길잡이다
허황된 욕망이 일어나지 않도록 소곤소곤
마음의 문단속만 게을리하지 말아야 할 일이다

의에 주리고 목마른 자 되어라

세상이 너를 옭아매고 욕심이 너를 지배할 때도
비겁하지도 휘둘리지 말고 구겨진 자존감이
풀 먹인 광목처럼 빳빳하게 펴지도록
의연하여 고난에도 감사하라
지나고 보면 이유 없는 고난 없고 고난은 연단이
영글어 회복이라는 열매를 맺더라

너 스스로 고난의 사슬을 묶지 말고
사망의 어둔 길을 택하지 말라
세상과 타협하지 말고 미세한 신음에도
응답하시는 주님만 의지하여
의에 주리고 목마른 자 되어라

살다 보면 여정에 쌓인 욱신거림이 얼룩져
온몸 구석구석이 불평을 쏟아내
질고가 너희를 무너뜨려도 37조나 되는
세포들은 펄떡이는 생명의 노래로 스스로
에너지를 만들고 따독따독 너희 몸에
에너지를 공급한단다

삶은 늘 가파른 꼭대기만 있는 듯해도 쉬어갈
정자도 있고 땀을 식힐 그늘도 있더라
곁을 내주던 시간도 어느 순간 돌아선다
지치고 허기질 때 미래의 호흡인 하늘을
올려다보고 영의 양식으로 새 힘을 얻으라

소양강 겨울 동화

사계절 봄이 흐르는 호반의 아침 강기슭
새치름히 피어오른 물안개 호반을 자유롭게 풀어 놓더니
그리움의 홀씨 내려와 살 속에 박힌 추억이 젖어 떨고 있다
바위 허리에 매달려 울다 바닥이 험한 냇가를
걸어왔던 물방울들 수심 깊어 낮엔 산그림자 담고
밤엔 내지른 소란들 입을 씻어 생의 주름진 문장들
침묵 위에 요동치는 혼돈의 춤이여
내 여정이 남긴 죄의 발자국이나 지워다오
비켜나간 시선들 상실한 마음이나 만져다오
새벽 별빛 바래듯 잊고 살았던 약속들
문득 투영되어 낯선 생이 겹쳐온다
놓치고 버린 철 지난 회한들 승화하던 수중기 얼음꽃
사이마다 아련히 피어올라 은빛 세상을 유린한다
너는 결코 닿을 수 없는 몽환적 자맥질
두툼한 솜바지 겹겹이 껴입고 털모자 눌러쓰고
하얀 너의 생 속으로 뛰어들어
이 한 시름 내려놓고 원시의 생이나 살아 볼까나
고비마다 자맥질로 너의 품에 잠겨 혼란은 지우고

마음의 덕을 헹궈 영근 호흡 입에 넘치면
철새처럼 하늘 높이 날아오를까나

* **시작노트**

　봄과는 상관없는 지명을 가진 춘천(봄春 내川)은 사계절 봄이다. 소양강 겨울 동화라고 불리는 상고대는 한파와 습도 적당한 바람의 삼박자가 따뜻한 방류를 만나 물안개로 피어올라 나뭇가지 위로 얼어붙어 얼음꽃을 피우지만, 신기루 같은 얼음꽃은 잡아 둘 수 없는 낯선 생 같은 것이다. 겨울 동화 속에 잠시 지친 심신을 담고 영근 새 호흡을 얻어 비상하고 싶은 화자는 몽환적 자맥질로 낯선 생을 은빛 세상에 펼쳐 확장된 상상력을 통한 현실의 결핍을 넘어서려는 의지를 보여준다. 인생은 생명이 끝나는 날까지 시간이 엮어내는 과정이다. 그래서 인간은 진화적 산물이라고 하고 우수하다고 한다. 희로애락의 삶은 고운 향기와 빛을 발하기도 하고 추상적 사고와 유동성을 지닌 인간의 욕망은 엉뚱한 신기루를 쫓기도 한다. 모든 생명체가 가진 욕망은 끝이 없고 제어할 수 없는 권역이다. 탯줄을 끊는 순간 생성되는 독립된 개체의 잠재된 욕망은 죽기 전에는 해결되지 않는 문제다. 그러나 욕망이 있다는 것은 높은 야망을 가지고 있다는 것이다. 물질적 정신적 욕망 모두 결국은 몸과 마음뿐이므로 부질없는 자맥질을 멈추고 날마다 스스로를 거듭 반성하고 새롭게 할 일이다.

아름다운 雪

긴 동면을 거쳐 봄을 준비하는 순환의 법칙 앞에
겸손한 여백이 함께 한다
그의 현란한 트리플 악셀도 고추바람과 어울리는 듯
하다가도 칼바람을 타는 파편이기도 하다

너른 품을 내기 위한 長考의 겸손한 여백에
신랑을 맞는 신부처럼 종요로이
봄을 위한 마중물 역할만 할 거라며
행여나 요란해 보일까봐 숨죽여 하강한다

품을 내주고 몸져누운 벌판에
하늘이 배려한 새하얀 축복
자신을 낮춘 순결한 마음으로 상실을 보듬어
모성을 깨우고 매혹의 영토를 펼쳐놓는다

순백으로 시린 한이
사람들 발밑에서 뽀드득뽀드득 이를 갈면
동적 존재들 雪雪긴다

아서라! 부질없다
한라에서 백두까지 하얗게 덮어본들
어차피 물이 되어 흘러갈 것을

종교의 짐

믿는 자여!
불필요한 종교의 짐을 지고 와서
무엇을 소망하느냐

말씀을 신뢰하지 못하니 불신의
가지만 뻗어나 책망과 권면과
참된 진리에는 귀가 가려워 하니
자기의 욕심을 위해 선생들을 골라
꾸며낸 이야기에 귀를 세우는 도다

믿는 자여!
자기를 위하여 백향목을 베며
창조인가 진화인가 확신도 없이
예배가 복 짓는 취미더냐
어디에 쓰려고 내려놓지 못하고 종교의
짐을 꾸역꾸역 떠메고 다니느냐

문화와 더불어 살아있는 수많은 우상들의
노예로 살지 말고 믿음과 사랑 안에서
무거운 종교의 짐 대신 가벼운 십자가를 지라
의의 관의 주인은 1등이 아니라 완주란다

여로(旅路)

내가 나를 가장 잘 알기에
남이 뭐라던 넘나드는 세월도 아랑곳하지 않고
이상을 향해 날개를 달고
내가 생각하는 방향이 나의 신념이고 목표라 믿고 걸어왔어도
신념도 목표도 세상이라는 바다에 흔들려
알 수 없는 미래 때문이 아닌
그에 대한 내 생각이 고통을 만들고
두려움과 함께 늙어 시대를 읽어내기 벅찬
그저 인간이라는 동물이 되어가고 있을 뿐
때론 낮음과 가벼움과 얕음으로 비관할 때도 있었다만
비천과 풍요에 처해보기도 하고
형통과 곤고와 수치를 통해 다듬어지며
나의 저울에 합당한 만족이 더 많았으니
세월을 먹어 녹슬고 삐걱거리는 몸뚱이는
그나마 민폐 없이 북망산천로에
기쁨으로 도착하길 추구하는 덧없는 나의 여로여

사라질 것들에 대하여

사라지는 것이 어디 아침 이슬뿐이랴
파고 심고 수고해서 얻는 것도 헛되니
듣는 것으로 채워지지 않으며
보는 것으로 만족하지 못하니

그것은 다 옛적부터 있었거늘
새것이라 우겨도 새것도 사라지며
이전에 있던 것들을 기억하지 못하고
뒤에 올 것들도 기억하지 못하나니

젊을 때 형성된 생각의 원형은 바뀌지
않으며 지식과 경험을 통해서도 사람은
변하지 않고 누리다 사라질 뿐이다

시퍼런 청춘의 느린 시간표도
구부정한 노년의 화살 같은 시간표도
삶은 쉼 없이 가는 것이다

마음 하나 툭 던져 놓고
그 언젠가 닿을 세월을 지고

한 번도 가보지 않은 길을 끊임없이
사라지기 위하여 가는 것이다

빠르게 스쳐 지나가는
엔딩 크레딧 속 이름들처럼 누군가
불러주지 않으면 잊혀갈 이름으로

삶과 주검의 재회

좁은 길에서 출발하여 한뉘를 사는 동안
생의 구석진 곳도 마다 않고 세상을 활보
하며 파고 심고 거두던 오래된 집 한 채
북망산천로로 이주한 지 어언 32년

뜨겁던 피와 근육질 살 다 내어주고도
그저 후손들 응원의 불빛 밝히던 유택은
문을 열었으나 비깜도 없이 빗장 열어
부는 바람이 되어주던 부모의 마음은 간곳없고

서러움 젖어 뉘인 꽃잎처럼 세월의 이끼에
조직은 허물어져 마치 그 모습이 미동도 없는
언 강물이 고요히 산그림자를 품고 있는 듯
그냥 황폐함이 머물러 있는 한 폭의 풍경화다

잘 보존된 영면과 재회를 기대하던
산자의 실낱같은 희망은 부모자식 간에도
서로 필요한 가치관이 있을 때 가족이라는 걸 깨닫는
천륜 앞에 민망함마저 숙연하다

선영을 팔아먹은 종손 덕에 유택마저 쫓겨나
파묘로 마주한 재회 한 평 남짓 유택을 벗고
협소한 나무상자에 합체되어 태어나고
묻힌 땅을 떠나가시누나

겨울에 핀 꽃

불균형의 씨앗들을 품은 화단에
아름답고 희귀하지만 차가운 바람
한 줄기에도 꺾일 수 있는 꽃으로 겨울에 피었다
홀로 다툼의 대상이 되어
혹한의 가시덤불에 둘러싸여
겨울을 맞닥뜨리고 있다
누군가는 깃발을 들고
누군가는 짱돌을 들고
공백에 깃발을 꽂기 위한 혈투도
망치 하나에 운명이 갈리지만
약점이 꼬리를 물고
화단엔 구린내가 진동해도
초록은 동색인 걸 어쩌란 말이냐
이 또한 하나의 순환이라 합리화한다
꽃은 시들어도 천년의 향을 품고
탁한 물 위를 떠도는 꽃잎
붕괴는 새로운 변화이고 안개 다리를
건너는 과정이라 애써 자위해 본다
때 이른 변화는 어둠과도 같은데
그 어둠은 파괴가 아닌 드러냄을 숨기고 있다

뿌리 없는 상승도 진실의 바람 앞에
버티지 못할 것이다

더디 오는 봄

더디 오는 봄을 탓하지 마라
세상이 하수선하니 망설이는 갑다

오죽했으면 삼월 중순에 폭설이겠나
여린 봄의 전령사 얼어 죽도록

산천도 사람의 마음까지도 피폐해져서
어디 발붙여 정 둘 곳이 마땅찮은 갑다

시국이 시끄러우니 봄마저 기운을 잃어
겨울을 밀어내지 못하고 머뭇거리는 건

강산이 온통 좌우로 나뉘어 때 창을 하니
봄인들 좌론들 우론들 올 수 있겠냐

저들이 풀지 못할 매듭이라면 차라리
맨몸으로 총검 앞에 궐기하던

3월의 혼을 입혀 멍으로 머물러있는
마음 헹구고 길고 어둔 갈등의

외투를 벗을 진정한 봄으로 오시어
병든 이 땅에 통합의 싹을 틔우소서

〈작품해설〉

기독교 사상을 반석으로 한 다양한 시적 구조물

김 순 진 (문학평론가 · 은평예총 회장)

작품해설

기독교 사상을 반석으로 한 다양한 시적 구조물

김 순 진

우리는 왜 시를 쓸까? 시를 쓰는 사람과 시를 쓰지 않은 사람의 차이는 무엇일까? 시를 통해 우리는 무엇을 얻을 수 있을까? 일련의 질문은 시인들에게 던져지는 숙제다. 시인들은 자아(自我)의 발현(發現)과 의(義)의 추구(追究), 자기 구원(救援)을 위해 시를 쓴다. 시를 써서 재화(財貨)를 얻어 생활을 이어간다는 것은 몇몇 시인들을 빼고는 어려운 일이다. 그런데 왜 그렇게 많은 사람들이 시를 쓸까? 왜 동서고금을 막론하고 시인은 세인들에게 우러름의 대상이 되어왔을까? 그리고 조선에서는 왜 과거시험의 방법으로 시를 택하였을까? 그것은 그만큼 그 사람이 습득해 온 학문의 깊이와 사고의 넓이에 따라 시가 확장성을 가지고 있기 때문이다. 시는 단순히 '밥을 먹느냐 마느냐'에 관한 논리로 접근해서는 안 되는 학문이다. 왜냐하면 시인은 우리 인간이 이 땅에 온 이유에 대하여 고민하는 사람이지 단순히 재화를 만들어 사회에 환원하는 사람이 아니기 때문이다. 시인은 성인, 철인과 같이 극도의 내적 괴로움을 인내하는 작업으로써 오래도록 습득한 학문과 사고의 반복적 심화 과정을 통해야만 더욱 좋은 시가 생산된다. 따라서 좋은 시란 요즘 시인들이 너무도 쉽게 바람과 구름의 겉모양을 노래하는 것을 경계한다. 시집이 팔리느니 안 팔리느니 하는 문제는 기교가 얼마만큼 들어가 있느냐의 문제이긴 하지만, 고도의 사고력에 기인한 시적 완성도는 일반인들이 범접하기 어려운 작업이라 시가 단순히 초등학생들이나 일반인들이 쉽게 이해할 수 있는 작업이어야 한다는 말에 현대시는 반기를 든다. 원래 시는 그 시대 사람들의 시대상을 말해준다. 조선시대의 시조는 몇 가지 이슈만을 위해 그 폭을 제한해 왔다. 말하자면 성군, 효도, 남녀상렬지사, 우정, 형제간의 우애 등이 그것이었는데 그러한 주제의 제한은 시의 흥미를 제한함으로써 생산자의 수를 현저히 떨어뜨리고 시조를 재미없는 문학의 범주에 속하게 하였고 그에 따라 독자의 규모 또한 매우 축소된 게 사실이다. 그러나 현대시에 이르러서는 그런 주제의 제한이 모두 철폐되었고, 시가 자연을 주제로 하거나 남녀의 사랑을 노래하는 것뿐만 아니라, 서민의 삶으로 가까이 들어오면서부터 독자의 폭이 폭발적으로 늘어나게 되었는데, 그 현상은 인터넷의 발전에 따라 더욱 확장되었다. 이제 시를 쓰는 인구가 등단하지 않은 사람을 포함해 10만 명에 육박하는 등 요즘의 우리나라는 과히 시의 나라라 해도 과언이 아닐 만큼 시의 인구가 확장되었다. 이같이 시의 확장은 노래 가사가 되어 음악을 확장시키고, 더불어 디카시 같은 사진 기술의 확장뿐만 아니라, 낭송시 같은 공연문화의 확장까지 이르러 시의 폭이 더욱 확대되게 되었는데, 이러한 현상은 김덕원 시인의 시에도 다양하게 분포되어 있었다.

그러면 이쯤에서 김덕원 시인의 시 몇 수를 테마 별로 읽으면서 그의 문학적 정신세계를 여행해 보자.

1. 시의 완성도를 위한 다양한 시적 기법의 채택

> 화초처럼 다뤄야 할 몸을 자동차 부리듯 해도
> 몸은 정직하여 노력한 만큼 보상하지만
> 까도까도 모르겠는 마음이 몸을 지배하므로
> 앉아서 장천리 서서 구만리를 내다보다
> 자기 불신의 환경을 딛고 일어나는 감정 편식은
> 넘기 힘든 심리적 허들만 높아진다
>
> 쌈박한 일상의 찰나도 어둠 속 허깨비 같고
> 행복을 쥐락펴락하는 손아귀 속 일렁이는 삶도
> 외부의 평가에 맞춰 살다 고갈되는 감정들
> 화는 눌러 외로움을 삭이며 칠흑 같은
> 두려움은 새벽을 기다리나 넘기 힘든
> 평균치 미달이 나를 위축시킨다

삶의 진실은 토끼와 거북이의 경주 같건만
왜곡된 평균에 끌리는 압력으로 심리적 허들은
절망 앞에 돌 같은 두려움도 되고
희망 앞에 살 같은 자신감도 된다

미래를 염려하다 현재도 누리지 못하면서
지푸라기라도 잡아야 할 조급증이 내 감정의
기준대로 끌고 가다 심리적 허들에 막혔다

-「심리적 허들」 전문

  허들이란 일정 간격으로 놓인 장애물을 뛰어넘으며 달리는 육상경기의 일종이다. 그런 육상 용어를 시에 접목한다는 것은 매우 낯선 말로 신선하게 다가온다. 러시아의 형식주의자들은 시의 구태에 대하여 고민했다. 시인들의 전유물이 되어 온 자연에 대하여 고민했다. 환경을 벗어나지 못하는 시에 대해 고민했다. 그리고 '낯설게하기'라는 기법을 채택하기에 이른다. '낯설게하기'란 친숙하거나 인습화된 사물이나 관념을 특수하고 낯설게 함으로써 독자로 하여금 새로운 느낌을 갖게 하는 시적 용어다. 시를 쓰는 사람들은 이 대목에 주목해야 한다. 시는 고인 물이 되어서는 안 된다. 시는 있는 현상을 그대로 재현하는 것만으로 그쳐서는 안 된다. 그런데 김덕원 시인은 그런 시적 기법을 이미 깨닫고 마음 현상에 '허들'을 적용해 시를 써나간다. 그러니까 김덕원 시인은 오랜 시적 훈련을 통해 다양한 시적 기법을 잘 다룰 줄 아는 시인이라는 말로 풀이할 수 있다. 시조 작법에 '음풍농월(吟風弄月)'이란 말이 있다. 바람을 읊조리고 달을 희롱한다는 말로써, 바꿔 말하면 그런 방법을 씀으로써 지루하고 고루하게 느껴지게 되는 폐해를 차단하고 신선한 시를 창작하여야 한다는 역지사지의 말이다. 그런 점에서 볼 때 김덕원 시인의 「심리적 허들」이란 제목은 오랜 습작생활과 많은 시집을 읽어야만 꺼내 들 수 있는 기발한 제목이라 할 수 있다. 김덕원 시인은 이 시에서 "자기 불신의 환경을 딛고 일어나는 감정 편식"과 "외부의 평가에 맞춰 살다 고갈되는 감정들", 그리고 "왜곡된 평균에 끌리는 압력" 같은 살면서 일어나는 좋은 감정 앞의 장애물을 어떻게 넘어야 할까에 고민하고 있는 것이다.

> 나 어릴 적 울 아부지 품속에 크고 둥근 달
> 그 둥근달 너무 좋아 독차지하렸는데
> 언니가 파먹고 동생들이 파먹고 기울어진
> 편견으로 소외된 눈썹달만 끌어안고 칭얼대며
> 허기짐으로 신열을 앓았던 내 유년기
>
> 더 크고 밝은 달을 따준다는 달콤한 유혹에
> 육체와 정신이 함께 동행이라는 완주를 향해
> 치열하고도 아름답기까지 한 형태를 갖추고
> 삶의 궤적이 간단치 않은 기나긴 여정을 줄곧 떠밀어

향기와 빛으로 자신을 기꺼이 내주면서
생은 널려있는 보물창고라기에 내가 걸어갈 꽃길에
꽃씨를 싹틔울 빗소리를 화분 가득 심었지

삶은 늘 지뢰밭 같은 우연에 노출되어 있는데도
시간과 공간 안에 채득하며 엮어낸 과정들이
무수한 역경 이겨낸 나무처럼 깊은 무게를 담고
눈보라 칼바람 맞서 푸르름 지켜내다
맨발로 언 땅 뚫고 나와 꽃수를 놓았구나

왜곡된 공간을 지나 세상 가시들
고스란히 받아들인 보이지 않는 모성의 흉터 위로
별들이 그물에 걸려 출렁출렁 반짝이는데
기억 저편 사라진 것들을 더듬어 투영된
돌아오지 않을 생의 줄거리들 오래된 잠을 건너
어디쯤에서 유숙하고 있는 걸까

흘러가는 늙은 구름 따라 오로지 부리로
속도를 가르며 넘어온 칠십 고개
알곡 빠져나간 광목자루처럼 헐렁해졌다만
아린 기억도 옹이도 허공 속 통증일 뿐이고
강같이 떠내려갈 선물 같은 여행이더라

- 「빗소리를 화분 가득 심었었지」 전문

보통 사람들은 땅에 무엇을 심을 때 나무나 씨앗을 직접 심는다. 그리고 그 씨앗이 잘 자랄 수 있도록 거름을 주거나 농약을 살포하여 내가 심은 씨앗이나 나무가

잘 자랄 수 있도록 장애를 막아준다. 그런 일을 능률적으로 잘하는 사람을 우리는 농부라 하고 그것을 잘 못하는 사람을 초보 농부라 한다. 그런데 시의 경우에도 이러한 현상은 자주 나타난다. 초보 시인들은 시의 씨앗을 심거나 시의 나무를 직접 땅에 심는다. 그에 반하여 시농사를 오래 지어본 전문 시인은 씨앗이나 나무를 땅에 직접 심기보다는 김덕원 시인처럼 바람을 심거나 빗줄기를 화분에 심는다. 이를 시적 용어로 '공감각의 이동'이라 말한다. 시를 잘 쓰는 시인, 신춘문예나 메이저 잡지 등에 등단한 시인들의 시의 생산 패턴은 주로 공감각의 이동을 통한 시를 생산한다. 그들의 페이스북이나 블로그에 가보면 그런 글을 자주 만날 수 있다. 이를테면 나무는 더 이상 서 있는 존재가 아니라, 여름으로 달리거나 푸르름으로 달리는 존재다. 돌은 더 이상 단단한 존재가 아니라, 침묵을 먹고 살거나 영원을 먹고 사는 존재다. 사람의 입장으로 볼 때 징검다리는 사람이 개울을 건너기 위한 수단이지만, 흐르는 물로 볼 때는 악기이며 물고기로 볼 때는 쉼터다. 김덕원 시인은 시의 그런 공감각 이동의 이치를 잘 아는 시인이다. 그래서 그는 화분에 꽃씨를 심기 전에 "꽃길에 꽃씨를 싹틔울 빗소리를 화분 가득 심"는다. 김덕원 시인이 화분 가득 심은 빗소리 덕분에 그 꽃씨는 발아되지 않는 꽃씨가 없을 뿐만 아니라, 충분한 수분으로 인하여 신명나게 자랄 수 있는 환경에 놓이게 되는 것이니, 김덕원 시인의 시적 능력, 즉 공감각의 이동 능력은 그의 시적 완성도를 더욱 높이고 있다.

2. 사회고발과 기본으로의 회귀 발현

배부른 삐에로가 생각하는 장난스런 추상적인
이야기처럼 들릴 수 있다
진리가 현실 앞에 무기력하고 비웃음 당하는 건
먹고 살아야 하는 빵이 우선이기 때문이기도 하다
배부른 놈들이 진리를 비웃으며 성취를 향해
눈앞의 승부에 운명을 거는 현실이 진풍경이다
물론 먹고 살기 위해 고군분투해야 하는 현실은
부정할 수 없는 진리보다 더 절실한 진리라 할 수 있으니까

사람들은 꿈을 향해 죄 아래 엎드린 채 발에 날개를 달고
한 가지 수만 붙잡고 치열하게 달려가지만
가시만 가득한 다람쥐 쳇바퀴돌기다
사회적 악습을 무릅쓰고 아무리 대단한 성취를 했다 해도
진리의 지평에서 새롭게 이해된 자신의 본질을
현실에 능동적으로 적응하지 못한다면
세상이 신과 인간에 대한 이해의 지평이 확장되지 않고
화해가 없다면 그냥 쳇바퀴만 죽어라 돈 것이고
육과 혼은 멍으로만 치장한 꼴이다
(중략)

육신의 장막을 벗는 날을 위하여
나는 진리 안에 자유를 선포한다
쳇바퀴를 내려오라고
가시 채를 뒷발질하지 말라고
신 앞에 화해가 먼저라고
인생의 정오도 성취의 길도 빵도 황금도 아닌
그 화해!
화해가 우선이라고

-「쳇바퀴냐 화해냐」 부분

  이 시는 인간성이 몰락돼 가는 현대 사회에 대하여 던지는 질문이자 사회고발 시다. 물고 물리는 세상, 먹이사슬 같은 세상에서 '누가 먼저 무느냐?', 말하자면 '누가 먼저 선빵을 날리느냐?'가 승리의 관건인 것처럼 여겨지는 세상이다. 어떻게 이기든지 이기기만 하면 된다는 세상, 돈만 벌면 그만이지 과정은 중요하지 않게 생각하는 현대 사회에 대한 경종을 울리는 말이 "쳇바퀴냐 화해냐"에 대한 질문이다. 빵, 혹은 재화를 위해서는 선(善)과 도덕이 무시돼도 '그럴 수도 있지 뭐?'하고 눈감아버리는 세상이다. 빵을 차지하기 위해서는 수단과 방법을 가리지 않아도 용인되는 통념이 뿌리내린 지 오래된 사회구조다. 그런 사회는 매점매석과 가로채기 등 비상식적인 유통구조가 암암리에 허용됨을 '쳇바퀴'라는 말로 김덕원 시인은 고발하고 있다. 공산주의가 망한 이유는 최초의 이념처럼 공동으로 생산해 똑같이 나누어 가지지 않았기 때문이다. 공산당원은 더 가질 수 있고, 하층계급은 배를 곯아야 하는 이념은 결국 폴란드, 헝가리, 체코슬로바키아 등 동유럽의 공산권 국가들과 소비에트연방을 몰락시키고 우크라이나, 카자흐스탄, 우즈베키스탄 등을 민주주의 국가로 선회하게 했다. 관리자 누군가가 중간에서 '나 하나쯤이야?'라고 하면서 아주 약간의 분량이라도 가로채고, 그런 현상이 빈번해지면 마지막 계급의 하층민 노동자는 일만 했지 가져갈 것이 없어진다. 다람쥐 쳇바퀴 도는 세상과 같아지는 것이다. 선진국과 후진국의 차이에는 양심이 시금석으로 적용된다. 내 것이 아니라면 아무리 아무도 없는 곳에 놓여있는 물건이라 할지라도 남의 것을 가져가지 않는 나라가 선진국이라면, 부모가 자녀에게 도둑질을 가르치는 나라가 후진국이다. 선자(先者)의 경우는 화해가 우선하는 사회다. 그에 반하여 후자(後者)의 경우는 쳇바퀴가 지속되는 사회다. 화해란 비단 누구와의 용서와 협치를 일컫는 말만은 아닐 게다. 화해란 우선 나에게 먼저 적용되어야 할 말이다. 의(義)부터 해이해지려는 내 마음을 단속하고 화해하여야 하며, 형제간에 더 가지고 싶은 유산에 대하여 내려놓는 먼저 화해가 필요하다. 왜냐하면 물질이란 한낱 뜬구름 같은 것이라서, 천국에는 가져갈 수도, 가져갈 필요도 없는 물건이기 때문이다. 천국에 가져갈 수 있는 것은 오직 이승에서의 사랑과 나눔뿐인데, 이를 일컬어 화해라 말할 수 있다. 무얼 가지려 하기 전에 상대방의 마음을 살피는 시도가 화해다. 여기서 김덕원 시인이 말하는 '화해'란 비단 마음의 용서에만 적용되는 말이 아니라, 사회적 모순에 대하여 먼저 나서서 양보하고 실천하려는 자세에 적용되는 말이라면, 김덕원 시인의 웅숭깊은 마음 깊이를 가늠해 볼 수 있을 것 같다.

> 태어나면서부터 열세 자리로 개념 지어
> 나를 지배하는 번호가
>
> 인간의 존엄도 인격이 없는 숫자로 분류되어
> 관리하기 편한 서류처럼 사는 세상이다
>
> 석차로 분류하고 대기 번호로 줄을 세우고
> 비밀번호로 나만의 영역을 지키지만
>
> 나는 바이러스 덩어리가 아니라 사람이라
> 소리쳐도 비인간적인 낙인이 찍힌
>
> 사람은 육신이라는 물리적 존재로 태어나 번호를
> 부여받고 티키타카 세월을 울고 웃는다
>
> ―「번호 인간」 전문

어려서부터 국문학도였던 나는 다른 과목은 그런대로 공부를 곧잘 했는데 수학이 가장 어려웠다. 수재들은 수학이 가장 쉽다면서, '공식만 알면 되는데, 그게 뭐가 어렵느냐?'고 반문하지만, 나는 숫자를 읽고 쓰는 것 자체가 진땀 흘리는 일이었다. 그래도 전화번호가 한 자릿수거나 두 자릿수였을 때는 외울 만했다. 우리가 고등학교에 다닐 무렵에는 우리 시골 동네에 전화가 한두 대밖에 없었고, 동네 이장을 보시던 아버지의 덕에 우리 집엔 32번이라는 전화번호가 있었으니 까먹기 만무였다. 그땐 서울시전화번호부에 '김정숙'이란 사람이 수십 명씩 되고 해당 구의 국번호에 한두 자릿수의 전화번호가 전부였다. 그런데 소위 삐삐가 설 자리를 잃고 개인의 휴대폰 구입이 가능해지기 시작하면서부터 전화번호의 숫자가 열 자리로 늘어나고 기지국도 016, 017, 018, 019 등으로 다양한 데다가 휴대폰의 사양이 점점 발전하면서 매년 휴대폰을 바꾸고, 번호를 이동하며, 새 번호로 바꾸는 과정 속에서 나는 아예 전화번호 외우는 것을 포기했다. 그런데 지금은 은행마다 비밀번호를 걸어놓아야 인터넷뱅킹이나 폰뱅킹을 할 수 있는 세상이다. 게다가 다음, 네이버, 줌 같은 포털사이트와 페이스북, 블로그, 카카오스토리, 카카오톡, 밴드 등의 SNS에는 비밀번호가 없어서는 들어가지 못한다. 가끔 휴대폰을 재부팅하거나 새로 살 때면 비밀번호를 잊어먹고 쩔쩔매던 기억이 한두 번이 아니다. 그리고 요즘엔 대학에서 강의하는 나에게 알량한 학교 돈 좀 먹는다고 아동학대신고의무자교육, 장애자학대신고의무자교육, 개인정보보호법온라인교육, 긴급복지지원신고의무자교육, 직장내괴롭힘금지교육, 직장내성희롱예방교육 등 해마다 중앙교육연수원이나 서울시교육연수원 사이트 등에 들어가 교육을 받으려면 비밀번호가 생각나지 않아 애를 먹는다. 그뿐이랴, 종합소득세 신고, 부가가치세 신고 등을 할 때도 비밀번호를 넣어야 하는 등 우리는 비밀번호의 미로에서 헤어 나오지 못하는 삶을 살고 있다. 김덕원 시인의 말처럼 우리는 우리도 모르는 사이에 '번호 인간'이 되었다. 성경 요한계시록에 '666'이란 숫자가 나오는데 이 숫자는 세상의 마지막 시기에 나타나게 될 적그리스도로 인식된다. 그런데 나는 '666'이란 괴물이 우리 현시대 사람을 괴롭히는 '비밀번호'가 아닐까 하는 생각이 든다. 아무튼 강아지도 주인인 아버지를 무서워하고 자녀에게 덤벼들며 서열을 세워 순서를 따지는 세상이고 보면 김덕원 시인의 이 시는 번호를 벗어나서 살 수 없는 인간들의 세태를 꼬집은 참여시라 할 수 있겠다.

3. 반석 같은 기독교 사상을 바탕으로 한 시

죄가 우리 몸에 들어오기 전에는

벗었으나 서로 부끄럼을 몰랐네

죄로 인한 부끄럼은 꼭꼭 숨어 봐도
나뭇잎으로 가려봐도 가릴 수 없었네

피 흘림이 없이는 감출 수 없는 죄
나뭇잎을 벗고 가죽옷을 입어야 하네

가죽옷을 만들기 위해 흘린 짐승의
피는 잃어버린 것을 찾는 보혈이었네

죄 없이 사람의 아들로 보혈을 흘려 죄를
덮고 관계가 회복되는 칭의(稱義)를 내렸네

- 「보혈의 가죽옷」 전문

구약성경에 "육체의 생명은 피에 있음이라 내가 이 피를 너희에게 주어 제단에 뿌려 너희의 생명을 위하여 속죄하게 하였나니 생명이 피에 있음으로 피가 죄를 속하느니라(구약전서 레위기 17:11)"라 하였다. 예수께서 십자가에 못 박혀 죽으심은 우리의 죄를 사하여주시기 위함이요, 그 피 즉 보혈은 예수님의 피를 상징하는 것이다. 그러나 보혈의 뜻은 시대에 따라 다르게 나타난다. 창세기 3장에 "하나님께서는 벌거벗은 아담을 위하여 짐승을 잡아 가죽옷을 지어 입히셨으니" '보혈의 가죽옷'이란 말은 이를 두고 하는 말일 게다. 그렇지만 보혈이라는 말은 히브리서 11장에 "예수의 피는 아벨의 피보다 더 나은 뿌린 피"이고 따라서 천국은 예수 피로 만들어진 나라이다. 말하자면 예수께서 우리를 대신하여 피 흘리시며 십자가에 못 박혀 죽으심에 우리의 원죄가 사하여졌음은 믿는 자라면 부인 못할 사실이다. 김덕원 시인은 독실한 크리스천이다. 여기서 말하는 '보혈의 가죽옷'은 창세기 3장에 나오는 하나님께서는 벌거벗은 아담과 하와를 위하여 짐승을 잡아 가죽옷을 지어 입히신 그 가죽옷이다. 그러므로 우리는 부끄러움을 알게 되고 우리의 죄를 알게 되었으며, 하나님의 은혜로 우리들이 구원을 받는 칭의(稱義)를 입게 된 것이다. 여기서 칭의(稱義)란 말의 뜻을 위키백과에 찾아보니 "예수 그리스도의 완전한 의에 근거해서 죄인을 의롭다 선언하시는 하나님의 법적 행위라고 정의할 수 있다. 다시 말하자면 '의롭게 됨' 또는 '의롭다고 인정을 받음'을 뜻하며, 기독교 신학에서 속죄을 통해 죄의 용서와 내면적 쇄신과 동시에 죄인들이 의로워졌다고 선언 받는 것이다."라고 나와 있다. 하나님을 믿음으로써 구원을 받고 그러므로 의롭게 되거나 의롭다고 인정을 받는 데 이 칭의를 받음으로써 믿는 사람은 의로운 자가 되고 의롭게 행동하며 의로서 세상을 살게 된다. 이 시를 쓴 김덕원 시인도 하나님의 그러한 뜻을 모두 이해하고 있으니 칭의 받은 사람이 분명하다.

세상이 너를 옭아매고 욕심이 너를 지배할 때도
비겁하지도 휘둘리지 말고 구겨진 자존감이
풀 먹인 광목처럼 빳빳하게 펴지도록
의연하여 고난에도 감사하라
지나고 보면 이유 없는 고난 없고 고난은 연단이
영글어 회복이라는 열매를 맺더라

너 스스로 고난의 사슬을 묶지 말고
사망의 어둔 길을 택하지 말라
세상과 타협하지 말고 미세한 신음에도
응답하시는 주님만 의지하여
의에 주리고 목마른 자 되어라

살다 보면 여정에 쌓인 욱신거림이 얼룩져
온몸 구석구석이 불평을 쏟아내
질고가 너희를 무너뜨려도 37조나 되는
세포들은 펄떡이는 생명의 노래로 스스로
에너지를 만들고 따독따독 너희 몸에
에너지를 공급한단다

삶은 늘 가파른 꼭대기만 있는 듯해도 쉬어갈
정자도 있고 땀을 식힐 그늘도 있더라
곁을 내주던 시간도 어느 순간 돌아선다
지치고 허기질 때 미래의 호흡인 하늘을
올려다보고 영의 양식으로 새 힘을 얻으라

― 「의에 주리고 목마른 자 되어라」 전문

이 시는 앞서 말한 바와 같이 하나님께 칭의 받은 사

람만이 쓸 수 있는 시다. 칭의 받은 사람은 '의에 주리고 목마른 자가 되어라'고 하는 뜻이다. 우리가 배가 고픈 것은 일시적인 현상이다. 배는 무엇으로든 채우면 언제든 트림이 나며 복부 팽만감을 느낄 수 있다. 그러나 칭의 받은 사람은 아무리 의를 행하여도 늘 배고플 수밖에 없다. 곧 의에 주리지 않는 사람은 자신의 믿음을 의심하고 회개하며 더욱더 많은 기도와 간구로써 하나님께 다가갈 일이다. 의라는 것은 단순히 한 마디로 형용하기 어렵다. 의라는 것은 미물을 죽이지 않는 것이 될 수도 있고, 가난한 사람을 돕는 일이 될 수도 있고, 길에 떨어진 담배꽁초나 쓰레기를 줍는 일이 될 수도 있다. 교회에 먼저 나가 주차 정리를 하는 사람이 될 수도 있고, 성전의 강대상과 예배 의자를 닦는 사람이 될 수도 있고, 헌금함에 성의껏 헌금을 하는 사람이 될 수도 있다. 그러나 의라는 것은 내가 누구를 위해 이렇게 한다고 남에게 보여주는 과시가 아니라 내 안의 주를 섬겨 주님이 싫어하는 일과 좋아하는 일을 분명히 알고 행하는 자가 의로운 자가 아닐까? 시에서의 의는 잡초와 풀꽃을 같이 보는 일이다. 가진 자와 못 가진 자, 배운 자와 못 배운 자를 같이 보는 일이다. 죄진 자를 용서하고 깨닫지 못한 자를 함부로 대하지 않은 일이다. 그렇다면 김덕원 시인의 이 시집에 나타난 전반적인 사상이 "의(義)"에 부합되니 나는 그를 두고 의로운 사람이라 할 수 있겠다.

  이상에서처럼 김덕원 시인의 시 몇 수를 읽어보면서 그의 문학적 세계를 여행해 보았다. 오랜 시간에 걸쳐 김덕원 시인 스스로 습득한 문학적 소양은 탁월했다. 그는 공감각적 이동의 기교와 시의 효용성에 관하여 깊이 탐닉하고 있었고 기독교 사상을 반석으로 한 그의 시적 토양은 매우 단단해 언제 어디서나 시의 집을 지을 수 있을 만큼 견고한 실력을 갖추고 있었다. 그래서 나는 그의 시집에 대하여 기독교 사상의 반석으로 한 다양한 시적 구조물이라 평한다.

김덕원 제3시집

쳇바퀴냐 화해냐

초판발행일 2025년 6월 30일

지은이 : 김덕원
발행인 : 김순진
편집장 : 전하라
디자인 : 김초롱
펴낸곳 : 도서출판 문학공원
등 록 : 2004년 3월 9일 제6-706호
주 소 : (우편번호 03382) 서울 은평구 통일로 633
  녹번오피스텔 501호 스토리문학사
전 화 : 02-2234-1666
팩 스 : 02-2236-1666
홈페이지 : https://blog.naver.com/ksj5562
이메일 : 4615562@hanmail.net

※ 책값은 뒤표지에 있습니다.
※ 이 책은 전부 또는 일부 내용을 재사용하려면 반드시 저작권자와 문학공원의 동의를 받아야 합니다.
※ 저자와의 협의에 의해, 인지는 생략합니다.